Der Bruder der Armen

Das Evangelium nach Lukas

Neu in Sprache gefasst und bebildert von

Jörg Zink

KREUZ

Inhalt

DER BRUDER DER ARMEN
DAS EVANGELIUM NACH LUKAS

Geburt und Kindheit

Lieber, verehrter Theophilus, ich versuche hier etwas, das schon einige andere versucht haben: nämlich über die großen Ereignisse zu berichten, die unter uns geschehen und nun zum Ziel gekommen sind. Augenzeugen, die von Anfang an mit dabei waren und ihre Lebensaufgabe darin sahen, unermüdlich immer neu zu berichten, haben uns davon erzählt. Und so finde ich, der erst spät hinzukam, ich sollte den Versuch unternehmen, alle ihre Berichte von Anfang an zu sammeln, zu prüfen und in einer guten, klaren Ordnung für dich neu niederzuschreiben, denn du sollst wissen, worauf der Glaube ruht, den man dir nahe gebracht hat.
1,1-4

Die Herkunft des Vorläufers

Die Anfänge dieser Geschichte reichen bis in die Zeit zurück, als Herodes König in Judäa war. Damals lebte ein Mann mit Namen Zacharias, der zu der Priestergruppe Abia gehörte. Seine Frau stammte aus der Familie Aaron und hieß Elisabet. Sie lebten beide, wie es vor Gott recht war, und hielten sich ohne jeden Fehler an das ganze Gesetz. Sie hatten aber kein Kind. Elisabet war unfruchtbar, und beide waren alt.

Als nun Zacharias nach der priesterlichen Ordnung an der Reihe war, am Tempel vor Gott eine Woche lang Dienst zu tun, traf ihn das Los, er habe im Tempel das Rauchopfer darzubringen. Er betrat das Heiligtum, und die Menge betete indessen draußen während der Stunde des Rauchopfers. Da erschien ihm an der rechten Seite des Räucheraltars ein Engel, und Zacharias erschrak, als er ihn sah, und fürchtete sich. Der Engel aber sprach ihn an:

»Fürchte dich nicht, Zacharias!
Deine Bitte ist erhört.
Deine Frau Elisabet
wird einen Sohn zur Welt bringen,
dem gib den Namen Johannes.
Er wird eine große Freude für dich sein
und das Glück deines Lebens.
Viele Menschen werden sich freuen,
dass er da ist.
Gott wird ihm Großes anvertrauen.
Er wird ein Großer sein vor Gott
und weder Wein
noch anderes berauschendes Getränk
zu sich nehmen.
Von Mutterleib an
wird Gottes Geist und Kraft ihn erfüllen,
und er wird viele im Volk Israel dazu bringen,
Ernst zu machen mit Gott, ihrem Herrn.
Er wird ein Vorbote sein
des kommenden Herrn,
und seinen Auftrag wahrnehmen
mit der Kraft,
die Elija zu eigen war.
Er wird die Herzen der Väter
ihren Kindern zuwenden
und die Ungehorsamen
zu der Klugheit führen,
die aus der Gerechtigkeit kommt.
Denn der Herr soll, wenn er kommt,
ein vorbereitetes Volk finden.«

Da antwortete Zacharias dem Engel:
»Wie soll ich das für möglich halten?
Ich bin ein alter Mann,
und auch meine Frau ist
fortgeschritten an Jahren!«
»Ich bin Gabriel«, fuhr der Engel fort,
»ich komme von Gott.
Ich bin gesandt, dir das alles anzukündigen.
Du suchst einen Beweis? Gut.
Du wirst die Sprache verlieren
und nicht mehr reden können bis an den Tag,
an dem das eintrifft,
weil du meinen Worten nicht geglaubt hast,
die doch Wirklichkeit werden,
wenn es Zeit ist.«
1,5-20

Inzwischen warteten die Menschen draußen auf Zacharias und wunderten sich, dass er so lange drinnen verweilte. Als er aber zu ihnen hinaustrat, konnte er nicht zu ihnen sprechen, und sie verstanden, dass er im Tempel ein

Gesicht gehabt hatte. Er gab ihnen einen Wink und blieb stumm.

Einige Tage später war seine Amtszeit zu Ende, und er ging nach Hause. Elisabet aber, seine Frau, wurde schwanger und lebte fünf Monate in tiefer Zurückgezogenheit, denn sie wusste: Das ist Gottes Werk. Es ist seine Freundlichkeit, dass er mich nun von der Schmach meiner Kinderlosigkeit befreien will.

1,21-25

Das Wort an Maria

Ein halbes Jahr später sandte Gott den Engel Gabriel in eine Stadt in Galiläa, nach Nazaret, zu einem Mädchen, das mit einem Mann aus dem Stamm Davids verlobt war. Das Mädchen hieß Maria. Der Engel kam in ihr Haus, erschien ihr und redete sie an: »Sei gegrüßt, du Gesegnete, Gott ist mit dir.« Sie aber erschrak, als sie die Stimme hörte und dachte: »Was für ein Gruß ist das?« Der Engel fuhr fort:

»Fürchte dich nicht, Maria!
Gott ist dir freundlich,
seine Liebe gehört dir.
Achte wohl auf das, was ich dir sage:
Du wirst schwanger werden
und einen Sohn zur Welt bringen.
Dem gib den Namen Jesus.
Er wird Vollmacht haben aus Gottes Macht,
und man wird ihn den ›Sohn Gottes‹ nennen.
Gott wird ihn zum König machen,
wie es David war, der sein Vorfahr ist.
Er wird ein Herr sein über das Volk Gottes
über alle Ewigkeiten hin,
und sein Reich wird kein Ende haben.«

Maria antwortete: »Wie kann das geschehen? Ich bin mit keinem Mann zusammengewesen!« Der Engel fuhr fort:

»Heiliger Geist wird über dich kommen,
und die schaffende Kraft des Höchsten
wird wie ein Schatten über dir sein.
Darum wird dein Kind ›heilig‹ heißen
und ›Sohn Gottes‹. Achte darauf:
Auch Elisabet, deine Verwandte,
ist schwanger
und wird einen Sohn zur Welt bringen
in ihrem Alter.
Im sechsten Monat trägt sie ihn,
die als unfruchtbar gilt.
Denn nichts ist bei Gott unmöglich.«

Maria aber sprach: »Ja!
Ich bin die Magd Gottes! Ich bin bereit.«
Und der Engel schied von ihr.

1,26-38

In jenen Tagen brach Maria auf und eilte in eine Stadt auf den Bergen von Judäa, trat in das Haus des Zacharias und grüßte Elisabet. Als Elisabet den Gruß der Maria hörte, hüpfte das Kind in ihrem Leibe, sie wurde mit heiligem Geist erfüllt, erhob ihre Stimme und sang:

»Gesegnet bist du
wie keine Frau vor dir,
und gesegnet ist dein Kind!
Wie ist es möglich,
dass die Mutter meines Herrn zu mir kommt?
Wisse, als ich deine Stimme hörte
und den Klang deines Grußes,
hüpfte das Kind vor Freude in meinem Leib!
Glücklich bist du,
die du Gottes Tun
im Vertrauen hast geschehen lassen.
Glücklich, die du geglaubt hast,
dass Gott vollenden wird, was er begann!«

1,39-45

Und Maria sang ihr Lied:
»Meine Seele preist Gott, meinen Herrn,
mein Geist ist glücklich
über den Gott, der mir hilft.
Denn mein Gott hat mich erhoben
aus meiner Niedrigkeit.
Glücklich werden mich preisen
alle meine Kindeskinder.
Er hat Großes an mir getan,
der mächtige, der heilige Gott.
Von Generation zu Generation
waltet seine Barmherzigkeit
über denen, die ihn ehren.
Gewaltiges wirkt er;
die Übermütigen
zerstreut er wie Sand.
Mächtige holt er vom Thron,
Niedrige richtet er auf.
Hungrige sättigt er mit guter Nahrung,
Reiche treibt er mit leeren Händen davon.
Er nimmt sich Israels an, seines Dieners,

Durch das Lukasevangelium begleiten uns Bilder vor allem der Kunst aus der Zeit der Gotik.

Schottenmeister in Wien: Der Besuch der Maria bei Elisabet.

und bewahrt ihm seine Barmherzigkeit.
Unseren Vätern hat er es zugesagt,
und in Ewigkeit gilt es Abrahams Volk.«
1,46-55

Die Geburt des Johannes

Drei Monate lang blieb Maria bei Elisabet, dann kehrte sie nach Nazaret zurück. Für Elisabet aber kam die Zeit der Geburt, und sie brachte einen Sohn zur Welt. Ihre Nachbarn und Verwandten hörten davon und freuten sich mit ihr, dass Gott sich ihr so freundlich erwiesen hatte. Am achten Tage kamen sie, um das Kind mit der Sitte der Beschneidung in die Gemeinschaft des Glaubens aufzunehmen, und wollten ihm den Namen seines Vaters Zacharias geben. Die Mutter aber widersprach: »Nein, er soll Johannes heißen!« »Warum?«, fragten die anderen. »Es gibt doch in eurer Familie keinen, der so heißt!« Und sie gaben seinem Vater einen Wink, er solle den Namen des Kindes bestimmen. Der forderte ein Schreibtäfelchen und schrieb zu ihrem Erstaunen: »Er heißt Johannes!« Im selben Augenblick wurde seine Stimme wieder frei, und er konnte reden und rühmte Gott. Und alle, die davon hörten im ganzen Bergland Judäa, erschraken und redeten über alle diese Vorgänge. Sie nahmen es sich zu Herzen und fragten sich: »Was wird wohl aus diesem Kinde werden?« Denn es war offenkundig Gott selbst, der hier am Werk war.
1,56-66

Zacharias, der Vater, aber,
erfüllt von heiligem Geist,
sprach in prophetischer Erregung:
»Ich rühme den Gott Israels!
Er ist uns nahe! Er macht uns frei!
Voll Kraft ist der Retter, den er sendet,
der Nachfahr seines Dieners David.
Seit uralten Zeiten hat er versprochen
durch den Mund seiner heiligen Propheten,
er wolle uns bewahren vor unseren Feinden
und retten aus den Händen der Hasser.
Er wolle barmherzig sein mit unseren Vätern
und uns seine Treue bewahren.
Abraham, unserem Vater, hat er geschworen,
er wolle uns geben, furchtlos,
der Macht unserer Feinde entrissen,
heilig und gerecht ihm zu dienen
von Tag zu Tag, ihm allein zugewandt
in allen unseren Tagen.

Du aber, Kind,
wirst ein Prophet des Höchsten sein,
der Vorbote des Herrn.
Du wirst ihm den Weg bereiten.
Denn unser Volk soll verstehen:
Im Erlass unserer Schuld liegt unser Heil.
Denn freundlich ist Gott.
Aus der Höhe sendet er ihn,
der das Licht ist.
Der wird aufglänzen für uns
in der Finsternis und im Schatten des Todes
und wird unsere Füße lenken
auf den Weg des Friedens.«

Das Kind aber wuchs heran und wurde stark im Geist. In der Wüste lebte Johannes bis zu dem Tag, an dem er vor dem Volk Israel öffentlich auftrat.
1,67-80

Die Weihnachtsgeschichte

Es begab sich aber in jenen Tagen,
dass ein Gebot
von dem Kaiser Augustus ausging,
dass alle Bewohner des Reiches
gezählt werden
und eine Steuer zahlen sollten.
Zum ersten Male geschah das;
es war in der Zeit,
als Quirinius Statthalter in Syrien war.
Und jedermann war gezwungen,
an den Ort zu gehen,
an dem er geboren war,
um sich zählen und einschätzen zu lassen.

Da wanderte auch Josef von Galiläa,
aus der Stadt Nazaret, nach Judäa
in die Stadt der Familie Davids,
nach Betlehem,
denn er war vom Hause
und vom Stamme Davids,
um sich eintragen zu lassen
zusammen mit Maria, seiner Verlobten.
Die war schwanger.
Während sie aber dort waren,
kam die Zeit der Geburt,
und sie gebar ihren ersten Sohn,

Rogier van der Weyden, Braquealtar: Johannes der Täufer.

Rembrandt: Die Anbetung der Hirten.

wickelte ihn in Windeln
und legte ihn in eine Krippe,
denn sie hatten sonst keinen Raum
in der Herberge.
2,1-7

Nun waren Hirten
in derselben Gegend auf dem Felde
bei den Hürden,
die hüteten des Nachts ihre Herde.
Ihnen erschien ein Engel Gottes,
Licht aus Gottes Licht strahlte um sie,
und sie fürchteten sich sehr.
Und der Engel sprach zu ihnen:

»Fürchtet euch nicht!
Hört! Ich verkündige große Freude,
euch und dem ganzen Volk:
Euch ist heute der Retter geboren,
der Christus, der Herr, in der Stadt Davids.
Und das ist das Zeichen:
Ihr findet ein Kind,
in Windeln gewickelt
und in einer Krippe liegend.«

Da plötzlich stand um den Engel
die Menge himmlischer Wesen,
die rühmten Gott und sangen:
»Ehre sei Gott in der Höhe
und Friede auf Erden
euch Menschen, den Gottgeliebten!«
2,8-14

Als nun die Engel von ihnen schieden und zum Himmel fuhren, sprachen die Hirten zueinander: »Lasst uns nach Betlehem gehen und die Geschichte sehen, die da geschehen ist, die uns Gott kundgetan hat.« Sie kamen in aller Eile und fanden Maria, Josef und das Kind, das in der Krippe lag. Als sie es aber sahen, fingen sie an, allen, die dabei waren, zu erzählen, was sie erlebt hatten, und die Worte zu wiederholen, die ihnen über dieses Kind gesagt worden waren. Und alle, die davon hörten, wunderten sich. Maria aber behielt, was geschehen war, und alle diese Worte und bewegte sie in ihrem Herzen. Und die Hirten kehrten wieder um, rühmten Gott und priesen ihn für alles, was sie gehört und gesehen hatten und was so genau den Worten des Engels entsprach.
2,15-20

Simeon und Hanna

Als nach acht Tagen die Zeit kam, das Kind durch die Beschneidung in die jüdische Glaubensgemeinschaft aufzunehmen, gab man ihm den Namen, den der Engel genannt hatte, ehe das Kind im Mutterleib empfangen war: Jesus. Nachdem Maria aber vierzig Tage lang, wie es das Gesetz Moses vorschrieb, in der Stille zurückgezogen gelebt hatte, brachten sie Jesus nach Jerusalem, denn es war Sitte, erste Kinder einer Mutter, wenn sie Knaben waren, im Tempel feierlich darzustellen, zum Dank für die besondere Güte Gottes und als Zeichen, dass dieses Kind in besonderer Weise Gott gehören solle. Dabei opferten die Eltern nach der Vorschrift des Gesetzes zwei Turteltauben oder zwei junge Tauben.
2,21-24

Da war nun in Jerusalem ein Mann mit Namen Simeon. Der lebte streng nach dem Gesetz und wartete unablässig auf den Trost Israels, und Gott hatte ihm Herz und Geist für sein Geheimnis geöffnet. So hatte ihm Gott auch zu verstehen gegeben, er werde nicht sterben, ehe er den Christus gesehen habe. An jenem Tage nun trieb es ihn in den Tempel, und als die Eltern das Kind Jesus zu der gewohnten Feier hereintrugen, nahm er es auf die Arme und rühmte Gott mit den Worten:

»Nun magst du, o Herr,
deinen Diener im Frieden entlassen;
was du versprochen hast, ist erfüllt.
Denn meine Augen sahen dein Heil,
das du bereitest,
uns und der ganzen Welt sichtbar:
ein Licht, das den Völkern zeigt, wer du bist,
und das einen hellen Schein wirft
auf dein Volk Israel.«

Die Eltern hörten die Worte über ihr Kind erstaunt und bewegt. Simeon segnete sie und sprach zu Maria, der Mutter:
»Wisse, er ist für viele in Israel
gesetzt zu Tod oder Leben,
ein Zeichen von Gott, das Widerspruch erregt
und die Gedanken vieler offenbart.
Ein Schwert wird dringen
auch durch deine Seele.«
2,25-35

Im Tempel war auch Hanna, eine Prophetin, aus der Familie Penuël, vom Stamm Ascher. Sie stand in hohem Alter. Als junge Frau hatte sie sieben Jahre mit ihrem Mann gelebt, dann war sie bis zu ihrem vierundachtzigsten Jahr Witwe gewesen. Sie verließ den Tempel nicht mehr und lebte nur noch dem Gottesdienst mit Fasten und Beten, Gott dienend Nacht und Tag. Die kam in jener Stunde auch zu den Feiernden, sprach einen Lobgesang und redete über das Kind Jesus zu allen, die auf die Erlösung Jerusalems warteten. Als sie die Feier beendet hatten, wie das Gesetz Gottes sie vorschrieb, kehrten sie zurück nach Galiläa, in ihre Stadt Nazaret. Das Kind aber wuchs heran und nahm zu an geistiger Kraft, und Gottes Freundlichkeit war mit ihm.

2,36-40

Der Zwölfjährige im Tempel

Jedes Jahr, wie es die Sitte vorschrieb, reisten seine Eltern zum Passafest nach Jerusalem, und als Jesus zwölf Jahre alt war, ging auch er mit ihnen. Nun geschah es, dass die Eltern nach dem Ende des Festes den Heimweg antraten, während das Kind ohne Wissen der Eltern in Jerusalem blieb. Sie meinten, er sei mit auf dem Wege unter den anderen Festgästen, wanderten also eine Tagereise weit und suchten ihn schließlich bei Verwandten und Bekannten, und als sie ihn nicht finden konnten, kehrten sie um nach Jerusalem und suchten ihn dort. Nach drei Tagen erst fanden sie ihn: Im Tempel saß er, mitten unter den Gesetzeslehrern, hörte ihnen zu und stellte ihnen Fragen, und sie staunten alle über seine Einsicht und seine Antworten. Die Eltern waren entsetzt, als sie ihn sahen, und die Mutter fragte ihn: »Kind, warum hast du uns das angetan? Dein Vater und ich suchen dich verzweifelt!« »Wie habt ihr mich nur suchen können?«, fragte er. »Wusstet ihr nicht, dass ich im Haus meines Vaters sein muss?« Aber sie verstanden ihn nicht. Danach reiste er mit ihnen nach Nazaret zurück und gehorchte ihnen willig. Seine Mutter aber hielt alles, was geschehen war, in ihrem Herzen fest. Und Jesus wuchs an Weisheit und Alter. Er stand unter dem Schutz Gottes, und die Menschen hatten Freude an ihm.

2,41-52

Johannes der Täufer

Der Vorläufer tritt auf

Es war im fünfzehnten Regierungsjahr des Kaisers Tiberius. Pontius Pilatus war in Judäa Statthalter, Herodes Antipas Provinzkönig in Galiläa, sein Bruder Philippus in Ituräa und Trachonitis und Lysanias Fürst in Abilene. Es war in der Amtszeit der Hohenpriester Hannas und Kajaphas. Da berief Gott den Johannes. Der durchzog die ganze Gegend am Jordan und rief die Menschen auf: »Lasst euch taufen! Fangt ein neues Leben an, und Gott wird euch eure Schuld vergeben.«

Schon Jesaja, der Prophet, sprach davon:
»Ich höre in der Wüste
die Stimme eines Rufers:
›Macht den Weg frei für den Herrn!
Macht eben seine Straße!
Die Schluchten füllt auf,
Berge und Hügel tragt ab,
Windungen macht gerade.
Was holprig ist, das ebnet.
Alle Welt soll sehen,
wie Gott Heil schafft!‹«

3,1-6

Die Menschen, die zu ihm hinauszogen, um sich taufen zu lassen, fuhr er an: »Schlangenbrut! Wer hat euch eingeredet, ihr würdet dem kommenden Gericht entrinnen? Ihr wollt umkehren – so lebt, wie es die Umkehr fordert! Und fangt ja nicht an, euch vorzusagen: ›Wir haben doch Abraham zum Vater!‹ Ich sage euch: Wenn Gott will, dass Abraham Kinder hat, kann er sie sich aus diesen Steinen erwecken! Die Axt liegt schon den Bäumen an der Wurzel, und kein Baum bleibt stehen, der keine lohnende Frucht bringt. Abgehauen wird er und ins Feuer geworfen!«

Linke Seite: Ikone: Geburt Christi.

Nächste Seite:
Eckhout: Der zwölfjährige Jesus im Tempel.

Hic est filius

Da fragten ihn die Leute: »Was sollen wir denn tun?« Seine Antwort war: »Wer zwei Mäntel hat, gebe dem einen, der keinen hat. Wer zu essen hat, teile mit dem, der nichts hat.« Da kamen auch die Zollpächter, ließen sich taufen und fragten: »Meister, was sollen wir tun?« Er erwiderte: »Fordert nicht mehr, als die Vorschrift gestattet.« Auch Soldaten kamen zu ihm: »Was sollen wir tun?« Sein Bescheid war: »Quält niemanden, plündert niemanden aus, begnügt euch mit eurem Sold.«

Als nun die Leute ihn gespannt beobachteten und sich hin und her überlegten, ob Johannes nicht vielleicht der Gesalbte sei, der Christus, erklärte Johannes vor allen: »Ich taufe euch mit Wasser. Es kommt aber einer nach mir, der mächtiger ist als ich, und ich werde nicht wert sein, die Riemen an seinen Schuhen zu lösen.

Der wird euch mit heiligem Geist taufen und mit Feuer. Er wird die Wurfschaufel in die Hand nehmen. Er wird auf seiner Tenne stehen und trennen zwischen dem Weizen und der Spreu. Er wird den Weizen in seine Scheuer sammeln, die Spreu aber verbrennen in unlöschbarem Feuer.«

Auch in vielen anderen Fragen gab er den Leuten Weisungen und verkündigte das Evangelium vom kommenden Christus. Als er aber Herodes, dem Provinzfürsten, die Wahrheit vorhielt über Herodias, die Frau seines Bruders, mit der er lebte, und über all das Unrecht, das er sonst tat, da fügte Herodes zu allem Bösen auch dies hinzu, dass er Johannes ins Gefängnis einschloss.

3,7-20

Jesus lässt sich taufen

Während nun das ganze Volk sich taufen ließ, reihte sich auch Jesus unter die Täuflinge ein, und während er betete, geschah es, dass sich der Himmel vor seinen Augen auftat. Gottes Geist senkte sich auf ihn hinab, wie eine Taube herabfährt, und er hörte eine Stimme sagen: »Du bist mein Sohn, mein geliebter. Dich habe ich erwählt.«

3,21-22

Vorige Seite:
Der Meister der goldenen Tafel: Taufe Jesu.

Als Jesus öffentlich hervortrat, war er ungefähr dreißig Jahre alt und galt als Sohn Josefs, der ein Sohn des Eli war. Seine Ahnenreihe ging zurück über Eli zu Mattat und über Levi, Melchi, Jannai, Josef, Mattitja, Amos, Nahum, Hesli, Naggai, Mahat, Mattitja, Schimi, Josech, Joda, Johanan, Resa, Serubbabel, Schealtiël, Neri, Melchi, Addi, Kosam, Elmadam, Er, Joschua, Eliëser, Jorim, Mattat, Levi, Simeon, Juda, Josef, Jonam, Eljakim, Melea, Menna, Mattata, Natan, David, Isai, Obed, Boas, Salmon, Nachschon, Amminadab, Admin, Arni, Hezron, Perez, Juda, Jakob, Isaak, Abraham, Terach, Nahor, Serug, Regu, Peleg, Eber, Schelach, Kenan, Arpachschad, Sem, Noach, Lamech, Metuschelach, Henoch, Jered, Mahalalel, Kenan, Enosch und Set bis zu Adam, den Gott schuf.

3,23-38

Wüstenzeit

Jesus aber, voll heiligen Geistes, verließ den Jordan und wurde vom Geist in die Wüste geführt und dort vom Teufel vierzig Tage lang versucht. Er aß nichts in jenen Tagen, bis ihn der Hunger fasste. Da sprach der Teufel zu ihm: »Wenn du der Sohn Gottes bist, dann sprich zu diesem Stein, er solle Brot werden!« Jesus antwortete: »Es steht geschrieben: ›Der Mensch lebt nicht vom Brot allein!‹« Und der Teufel führte ihn auf eine Höhe und zeigte ihm alle Reiche der Welt in einem Augenblick: »Dir will ich sie alle übergeben mit ihrer ganzen Herrlichkeit, denn sie gehören mir, und ich gebe sie, wem ich will. Wenn du dich vor mir niederwirfst, sollen sie alle dein sein.« Jesus antwortete: »Es steht geschrieben: ›Vor Gott, deinem Herrn, wirf dich nieder und ihm allein diene.‹« Da führte der Teufel ihn nach Jerusalem und stellte ihn auf das Dach des Tempels: »Wenn du Gottes Sohn bist, spring hinab! Es steht doch geschrieben: ›Er wird seinen Engeln den Befehl geben, dich zu behüten, sie werden dich auf den Händen tragen, dass du deinen Fuß an keinem Stein anschlägst.‹« »Es ist uns aber auch gesagt«, antwortete Jesus: »›Du sollst Gott, deinen Herrn, nicht auf die Probe stellen!‹« Da verließ ihn der Teufel am Ende und hielt sich von ihm fern bis zu gelegener Zeit.

4,1-13

Die Zeit in Galiläa

In Nazaret

Und Jesus kehrte aus der Wüste zurück und wandte sich in der Kraft des Geistes nach Galiläa. Da verbreitete sich im ganzen Lande die Nachricht, er sei da. Er lehrte in ihren Synagogen und legte unter der begeisterten Zustimmung seiner Hörer die Schrift aus. So kam er auch nach Nazaret, wo er aufgewachsen war. Er ging, wie er gewohnt war, am Sabbat in die Synagoge, und während des Gottesdienstes erhob er sich, um aus der Schrift vorzulesen. Da reichte man ihm die Rolle mit den Worten des Propheten Jesaja, und als er sie öffnete, fand er die Stelle:

»Gottes Geist spricht durch mich.
Er hat mich berufen.
Er hat mich gesandt,
seine Liebe den Armen zu bringen,
Gefangenen Freiheit zu geben
und Blinden das Licht,
Misshandelte zu erlösen
und die Zeit anzukündigen,
in der Gott Heil gibt.«

Er schloss die Rolle, gab sie dem Diener zurück und setzte sich, und alle Augen waren auf ihn gerichtet. Und er begann zu reden: »Jetzt ist Gottes Stunde! Heute erfüllt sich, was da steht, vor euren Ohren.« Alle bestätigten ihm, dass das wahr sei, und sie staunten, denn sie empfanden deutlich, dass Gottes Freundlichkeit zu ihnen sprach. Aber sie zweifelten und fragten einander: »Ist der nicht der Sohn Josefs?«
4,14-22

Und Jesus fuhr fort: »Ihr werdet mir jetzt das Sprichwort entgegenhalten: ›Der Arzt beweist seine Kunst, indem er sich selbst heilt. Wir haben große Dinge gehört, die du in Kafarnaum getan hast, beweise jetzt deine Kunst in deiner Vaterstadt! Zeige uns ein Wunder!‹ Aber das ist wahr: Kein Prophet gilt etwas in seiner Heimat. In den Tagen des Elija gab es in Israel unzählige Witwen, als es drei Jahre und sechs Monate nicht regnete und die große Hungersnot im Lande war, aber Elija wurde nur zu einer einzigen gesandt, und zwar zu einer, die draußen in Sarepta zu Hause war, in dem Land, das zu Sidon gehört und nicht zu Israel. Es gab viele Aussatzkranke in Israel in der Zeit des Propheten Elischa, aber ein einziger wurde von ihm geheilt, und zwar Naaman, der Syrer.«

Da gerieten sie in einen wilden Zorn, alle, die im Gottesdienst waren. Sie standen auf, stießen ihn vor sich her aus der Stadt hinaus und trieben ihn auf einen Felsen an dem Berg, auf dem ihre Stadt lag, um ihn dort hinabzustürzen. Aber er schritt mitten durch die Menge, ging weg und setzte seine Reise fort.
4,23-30

In Kafarnaum

Und er ging hinab nach Kafarnaum, eine Stadt in Galiläa, und lehrte dort an einem Sabbat. Da lief ein Erschrecken durch den Saal, denn er redete wie einer, der Vollmacht von Gott hat. Dort war auch ein Kranker, der unter dem Zwang eines bösen Geistes stand. Der schrie aus ihm: »Ha! Was willst du von mir, Jesus von Nazaret? Du willst mich umbringen! Ich weiß, wer du bist: der Heilige, der von Gott kommt.« Da fuhr Jesus ihn drohend an: »Kein Wort mehr! Fort mit dir!« Da brach der Kranke zusammen, der Dämon ließ ihn los, und er war frei. Über die Menschen aber kam ein Erschrecken, und sie fragten einander: »Was war das? Der gebietet den Geistern mit Macht und sie weichen?« Und man redete von ihm im ganzen Lande.
4,31-37

Nach dem Gottesdienst kam er in das Haus des Simon. Dort lag die Schwiegermutter des Simon krank und fiebernd. Und die Angehörigen baten Jesus für sie. Da trat er an das Kopfende des Bettes, fuhr das Fieber an und vertrieb es. Sie stand auf und bewirtete ihre Gäste.

Als die Sonne untergegangen war, kamen alle, die Kranke mit verschiedenen Leiden zu Hause hatten, und brachten sie zu ihm. Er aber legte jedem einzelnen die Hände auf und heilte sie alle. Er machte auch viele von dunklen Geistern frei, die umherlärmten: »Du bist Gottes Sohn!« Er brachte sie zum Schweigen, denn sie wussten, wer er war: der Christus.

Als es wieder Tag war, ging er hinaus an eine einsame Stelle. Da suchten die Leute nach

Nazaret

ihm, fanden ihn und wollten ihn festhalten, damit er immer bei ihnen bliebe. Er aber wehrte ab: »Nein! Ich muss auch in den anderen Städten zeigen, wie nahe Gottes Reich ist. Denn dazu hat mich Gott gesandt.« Und er ging in Galiläa von Ort zu Ort und redete in den Synagogen.
4,38-44

An einem Tage, an dem die Menschen, wie so oft, ihn in Massen umlagerten, um das Wort von Gott zu hören, stand er am Strand des Sees Gennesaret und sah, dass da zwei Kähne am Ufer lagen, während die Fischer ein paar Schritte davon ihre Netze wuschen. Da stieg er in das eine der Schiffe, das Simon gehörte, und bat ihn, er möge es doch ein wenig vom Lande abstoßen. So saß er denn und redete vom Schiff aus zur Menge. Nach dem Ende seiner Rede wandte er sich an Simon: »Fahrt auf den See hinaus, wo es tief ist, und werft eure Netze aus.« »Meister«, antwortete Simon, »die ganze Nacht haben wir gearbeitet und nichts gefangen, aber wenn du es sagst, will ich noch einmal auswerfen.« Sie taten es und fingen eine gewaltige Menge Fische, so dass die Netze dabei anfingen zu reißen, und sie winkten ihren Freunden im anderen Schiff, sie sollten kommen und ihnen helfen, den Fang zu bergen. Die kamen, und sie füllten miteinander beide Schiffe bis an den Rand, so dass sie zu sinken drohten. Als Simon Petrus das sah, warf er sich Jesus zu Füßen: »Geh weg von mir! Ich bin ein gottloser Mensch.« Denn der Schrecken hatte ihn und seine Gehilfen erfasst des unerhörten Fanges wegen, und Jakobus und Johannes, den Söhnen des Zebedäus, die mit Petrus zusammenarbeiteten, war es ebenso ergangen. Da wandte sich Jesus an Simon: »Erschrick nicht! Von jetzt an wirst du Menschen sammeln.« Und sie fuhren mit dem Schiff ans Land, ließen alles liegen und schlossen sich ihm an.
5,1-11

In einem der Dörfer, die Jesus besuchte, kam ein Mann zu ihm, der war über und über mit Aussatz bedeckt. Als er Jesus sah, warf er sich vor ihm auf das Gesicht und flehte ihn an: »Herr, wenn du willst, kannst du mich heilen!« Jesus rührte ihn mit der Hand an: »Ich will's tun. Du sollst heil sein.« Da schwand der Aussatz, und er wurde gesund. Jesus aber verbot ihm, irgendjemandem davon zu erzählen: »Geh, zeige dich dem Priester, dass er dich gesund erklärt, und gib das von Mose vorgeschriebene Opfer, damit man sieht, was mit dir geschehen ist.« Aber die Kunde von ihm breitete sich immer weiter aus, und unzählige Menschen strömten zusammen, um ihn zu hören und sich von ihren Krankheiten heilen zu lassen. Er aber zog sich immer wieder in einsame Gegenden zurück, um in der Stille zu beten.
5,12-16

Eines Tages redete Jesus in einem Haus, und es saßen Pharisäer dabei und Gesetzeslehrer, die aus allen Dörfern Galiläas und Judäas, auch aus Jerusalem, gekommen waren. Gottes Geist und Kraft wirkte durch ihn, und er heilte, die zu ihm gebracht wurden. Da geschah es, dass Männer auf einem Tragbett einen Gelähmten brachten und versuchten, in das Haus zu kommen und ihn Jesus zu Füßen zu legen. Sie kamen aber nicht durch die Tür, weil das Gedränge zu groß war. Da stiegen sie aufs Dach, hoben die Ziegel ab und ließen ihn mit seinem Tragbett hinunter unmittelbar vor Jesus. Als Jesus sah, mit wie festem Glauben sie gekommen waren, sagte er zu ihm: »Mann! Deine Sünden sind dir vergeben!« Da ging ein Raunen durch die Schriftgelehrten und Pharisäer: »Will der Gott lästern? Einem Menschen die Sünden erlassen, das kann doch nur Gott!« Jesus merkte wohl, was sie dachten, und fragte sie: »Was ärgert euch? Was habt ihr auszusetzen? Was ist leichter, zu sagen: ›Du sollst von deiner Schuld frei sein‹, oder: ›Steh auf und geh umher‹? Ihr sollt aber sehen, dass ich Recht und Macht habe, Menschen von ihrer Schuld loszusprechen.« Und er wandte sich zu dem Gelähmten: »Ich befehle dir: Nimm dein Bett! Geh nach Hause!« Im selben Augenblick stand er vor aller Augen auf, nahm das Bett, ging glücklich nach Hause und dankte Gott. Sie erschraken aber und gerieten außer sich, und sie priesen Gott: »Es ist unmöglich! Und doch – wir haben es mit eigenen Augen gesehen!«
5,17-26

Reste von Wohnhäusern in Kafarnaum aus der Zeit Jesu. Diese Häuser waren größer angelegt als sie für eine einzelne Familie nötig gewesen wären. Man schätzt auf Wohngemeinschaften von ca. 70 Personen. Das entspricht der Größe einer Fischergenossenschaft, wie sie für den Betrieb der großen Fangboote nötig war. Man kann annehmen, dass Petrus und seine Familie zu einer solchen Wohngemeinschaft gehörten und dass Jesus hier oft zu Gast war (zu Lukas 4,38).

Fischer vom See Genezaret.

Caravaggio: Die Berufung des Matthäus.

Berufung des Levi

Als er weiterzog, sah er an einer Grenzstelle einen Zöllner sitzen mit Namen Levi und forderte ihn auf: »Komm! Geh mit!« Der ließ alles liegen und schloss sich ihm an. Levi lud ihn zu einem festlichen Mahl in sein Haus ein, und eine große Menge von Zöllnerkollegen und anderen versammelte sich dort und aß mit ihm. Die Pharisäer aber und ihre Schriftgelehrten wandten sich an die Jünger: »Was soll das? Ihr feiert Tischgemeinschaft mit den Zöllnern und den Gesetzlosen!« Die Antwort gab Jesus selbst: »Die Gesunden brauchen den Arzt nicht, den brauchen die Kranken. Ich bin nicht gekommen, die zu Gott heimzurufen, die schon zu Hause sind, sondern die anderen, die fern von Gott leben und von den Menschen ausgestoßen sind – damit sie umkehren und heimfinden.«
5,27-32

Sie redeten aber weiter: »Die Anhänger des Johannes halten sich an die Fastenzeiten, die Pharisäer tun es auch, aber die Deinen essen und trinken unbekümmert!« Jesus gab zur Antwort: »Ihr könnt von den Gästen des Bräutigams, solange er da ist und solange das Fest währt, nicht verlangen, dass sie fasten. Es werden Tage kommen, da wird man ihnen den Bräutigam nehmen, dann werden sie fasten.

Niemand trennt ein Stück Tuch aus einem neuen Mantel, um einen alten damit zu flicken, sonst ist der neue zerschnitten, und der Flicken passt nicht zum alten. Und niemand begeht den Fehler, neuen, gärenden Wein in alte, brüchige Ledersäcke zu füllen, sonst sprengt der neue Wein die Säcke, der Wein läuft aus, und die Säcke werden zerstört. Neuen Wein zu fassen bedarf es neuer Säcke. Freilich, wer den alten Wein trinkt, will keinen neuen – man muss das verstehen! –, denn er hat sich an die Milde des alten gewöhnt.«
5,33-39

In jener Zeit war Jesus an einem Sabbat unterwegs und kam durch Getreidefelder. Im Vorbeigehen rissen die Jünger Ähren ab, rieben die Körner in den Händen aus und aßen. Das sahen einige von den Pharisäern und sagten zu den Jüngern: »Was ihr da tut (nämlich ernten!), ist am Sabbat verboten!« Jesus gab zurück: »Habt ihr nie gelesen, was David sich erlaubt hat, als ihn und seine Begleiter hungerte? Wie er ins Heiligtum eindrang, die heiligen Brote nahm und aß und sie an seine Begleiter verteilte, obwohl niemand sie essen durfte außer den Priestern? Was am Ruhetag geschehen darf und was nicht, bestimmt der Menschensohn.«

An einem anderen Sabbat ging Jesus wieder in eine Synagoge, um im Gottesdienst zu lehren. Da traf er einen Mann an, dessen rechte Hand gelähmt war. Die Schriftgelehrten und

die Pharisäer aber lauerten darauf, ob er es wagen würde, am Sabbat zu heilen, denn sie suchten eine Gelegenheit, ihn vor das Gericht zu bringen. Er verstand ihre Absicht wohl und befahl dem Mann mit der gelähmten Hand: »Steh auf! Komm hierher! Nach vorn!« Und er kam. Da wandte sich Jesus an sie alle: »Ich frage euch: Was ist am Sabbat erlaubt? Das Gute zu tun? Oder das Böse? Leben zu retten? Leben zugrunde gehen zu lassen?« Er blickte sie reihum im Kreis an und befahl dem Mann: »Strecke deine Hand aus!« Der tat es, und sie war gesund. Sie aber gerieten in eine sinnlose Wut und redeten alle durcheinander, was sie diesem Jesus tun wollten.
6,1-11

Die Berufung der Apostel

Einmal stieg er in dieser Zeit auf einen Berg, um allein zu sein und zu beten, und blieb über Nacht oben im Gespräch mit Gott. Als es Tag war, rief er seine Begleiter zu sich und wählte zwölf von ihnen aus, die er auch »Apostel«, das heißt Botschafter, nannte: Simon, dem er den Namen Petrus, das heißt »Fels«, gab, und Andreas, seinen Bruder, Jakobus und Johannes, Philippus und Bartholomäus, Matthäus und Thomas, Jakobus, den Sohn des Alphäus, und Simon von der Partei der Zeloten, Judas, den Sohn des Jakobus, und Judas Iskariot, der sein Verräter wurde. Danach stieg er mit ihnen hinab und verharrte auf einem ebenen Feld. Eine Menge Menschen, die seine Anhänger waren, und eine unübersehbare Versammlung von Leuten aus ganz Judäa, aus Jerusalem und aus dem Küstengebiet von Tyrus und Sidon drängte sich um ihn. Sie waren gekommen, ihn zu hören und sich von ihren Krankheiten heilen zu lassen, auch die, die von dunklen Mächten besetzt waren. Alle versuchten sie, ihn zu berühren, denn es ging eine Kraft von ihm aus, und er heilte sie. Und Jesus sah über seine Jünger hin und fing an zu reden:
6,12-20

Die Feldrede

»Wohl euch, ihr Armen!
Euch ist Gott nahe!
Wohl euch, die ihr hungert,
ihr werdet satt werden.
Wohl euch, die ihr weint,
denn ihr werdet lachen.
Wohl euch, wenn euch die Leute hassen,
wenn sie euch von sich treiben,
euch verleumden und verstoßen,
als wäret ihr Verbrecher,
nur, weil ihr die Meinen seid.
Freut euch an jenem Tag und seid glücklich,
denn bei Gott erwartet euch hoher Lohn.

Aber wehe euch, ihr Reichen,
ihr habt euren Trost schon gehabt!
Wehe euch, ihr Satten, ihr werdet hungern.
Wehe euch, die ihr heute lacht,
ihr werdet trauern und klagen.
Wehe euch, die ihr gerühmt seid
von allen Menschen,
denn auch ihre Väter rühmten
die falschen Propheten.
6,21-26

Ich sage euch, die mich hören:
Liebt eure Feinde!
Tut denen wohl, die euch hassen!
Wünscht Segen von Gott denen,
die euch die Hölle wünschen.
Bittet für die, die euch misshandeln.

Wenn einer dich auf die eine Wange schlägt,
dann biete ihm auch die andere.
Wenn jemand dir deinen Mantel nimmt,
dann lass ihm auch das Hemd.
Wer dich bittet, dem gib.
Wer dir das Deine nimmt,
von dem fordere es nicht zurück.

Was ihr euch von den Menschen wünscht,
das tut ihnen in gleicher Weise.
Wenn ihr nur die liebt,
die euch mit Liebe begegnen,
was ist das Besondere daran?
Auch die Gottlosen lieben die,
die ihnen Liebe erweisen.
Wenn ihr denen Gutes tut,
die euch gut sind,
was ist das Besondere?
Auch die Bösen tun das.
Und wenn ihr denen leiht,
die euch leihen sollen,
was ist das Besondere?

Auch die Sünder leihen den Sündern
und wollen dasselbe von ihnen.
6,27-34

Vielmehr: liebt eure Feinde,
helft denen und leiht,
von denen nichts zu hoffen ist.
Euer Lohn wird groß sein;
Kinder des Höchsten werdet ihr sein,
denn auch er ist gütig
gegen Undankbare und Böse.
So werdet barmherzig,
wie euer Vater barmherzig ist.

Richtet nicht,
so werdet ihr nicht gerichtet.
Verurteilt nicht,
so werdet ihr nicht verurteilt.
Sprecht frei, die durch Schuld gebunden sind,
so wird man euch Freiheit geben.
Gebt, so wird euch gegeben.
Ein gutes, gedrücktes, gerütteltes
und überfließendes Maß
wird man euch in den Schoß schütten,
denn das Maß, mit dem ihr messt,
wird man euch zumessen.«
6,35-38

Er sprach auch in Bildern zu ihnen:
»Ein Blinder kann keinen Blinden führen.
Sonst fallen beide in die Grube.«
Oder:
»Der Lernende ist nicht über dem Lehrer,
wenn er alles gelernt hat,
wird er wie sein Meister sein.«
Oder: »Was starrst du auf den Splitter
im Auge deines Bruders
und bemerkst nicht den Balken
in deinem eigenen Auge?
Wie kannst du zu deinem Bruder sagen:
›Halte still, Bruder!
Ich will den Splitter aus deinem Auge ziehen!‹,
und übersiehst den Balken im eigenen Auge?
Du Heuchler!
Zieh erst den Balken aus deinem Auge,
dann erst sieh zu,
wie du den Splitter
aus deines Bruders Auge ziehst.«
Oder:
»Kein guter Baum bringt schlechte Frucht,
und kein schlechter bringt gute.
Ob er gut oder schlecht sei,
nimmt man an seiner Frucht wahr.
Man erntet ja nicht Feigen von den Disteln
oder Trauben von den Dornen.
Der gute Mensch bringt Gutes hervor
aus dem Schatz der Güte seines Herzen,
der Böse Böses aus seiner Bosheit.
Denn der Mund redet,
wie es aus dem Herzen überquillt.
6,39-45

Wozu aber nennt ihr mich ›Herr! Herr!‹,
und tut nicht, was ich sage?
Gebt Acht, was ich von dem halte,
der zu mir kommt, meine Worte hört
und nach ihnen lebt!
Er gleicht einem Mann, der ein Haus baute,
der in die Tiefe grub
und das Fundament auf den Felsen gründete.
Als nun ein Hochwasser kam
und die Wassermassen ans Haus stießen,
konnte es nicht einstürzen,
denn es war mit Sachkunde gebaut.
Wer aber hört und es nicht tut,
gleicht einem Menschen, der ein Haus baute
und es auf lose Erde stellte.
Als nun das Wasser kam,
brach es zusammen in gewaltigem Einsturz.«
6,46-49

Dienst am Leben

Als Jesus seine Rede an das Volk beendet hatte, kehrte er nach Kafarnaum zurück. Dort lag der Diener eines römischen Hauptmanns, der diesem besonders lieb war, todkrank. Als der Hauptmann von Jesus hörte, sandte er die Vorsteher der jüdischen Gemeinde zu ihm mit der Bitte, er möge doch kommen und seinen Knecht heilen. Die kamen zu Jesus, baten ihn aufs dringlichste und sagten: »Er ist es wert, dass du ihm seine Bitte erfüllst, er liebt unser Volk. Er hat unsere Synagoge gebaut.« Und Jesus ging mit ihnen. Als sie schon nahe an seinem Haus waren, sandte ihm der Hauptmann Freunde entgegen, die zu Jesus sagten: »Herr, bemühe dich nicht! Ich bin nicht wert, dass du unter mein Dach kommst. Deshalb komme ich auch nicht selbst zu dir, denn ich bin nicht wert, dir zu begegnen. Du brauchst es ja nur mit einem Wort auszusprechen, und mein Diener wird gesund sein. Denn auch ich bin

Vorgesetzten unterstellt und habe selbst wieder Soldaten unter mir. Wenn ich zu dem einen sage: ›Geh!‹, dann geht er. Wenn ich dem anderen befehle: ›Her zu mir!‹, dann kommt er. Und wenn ich meinen Diener anweise: ›Tu das!‹, dann tut er es.« Als Jesus das hörte, staunte er und wandte sich an die Menge, die ihm nachdrängte: »In ganz Israel habe ich diesen Glauben nicht gefunden.« Als die Boten in ihr Haus zurückkehrten, fanden sie den Diener von seiner Krankheit genesen.

7,1-10

In der Zeit danach begab es sich, dass Jesus, von seinen Jüngern und von einer großen Menschenmenge begleitet, die Stadt Nain besuchte. Als er sich dem Stadttor näherte, trug man eben einen Toten heraus, den einzigen Sohn einer Witwe, und eine große Trauergemeinde begleitete sie. Als Jesus sie sah, ging ihm ihr Leid zu Herzen, und er sprach sie an: »Weine nicht!« Dann trat er an die Bahre, berührte sie, während die Träger stehen blieben, und sprach: »Junger Mann! Ich sage dir: Steh auf!« Und der Tote richtete sich auf und fing an zu reden, und Jesus gab ihn seiner Mutter zurück. Die Umstehenden aber fasste ein Schrecken. Sie begriffen, dass hier Gott am Werk war, und sagten: »Ein großer Prophet ist unter uns aufgestanden, und Gott hat sein Volk besucht.« Und die Kunde von diesem Ereignis breitete sich im ganzen jüdischen Land und in seiner Umgebung aus.

7,11-17

Die Anfrage des Johannes

Was Jesus in dieser Zeit redete und tat, berichteten die Jünger des Johannes ihrem Meister, während er im Gefängnis saß. Da beauftragte Johannes zwei von ihnen, Jesus aufzusuchen und ihn zu fragen: »Bist du der, der kommen soll, oder sollen wir auf einen anderen warten?« Sie kamen zu ihm und stellten sich vor: »Johannes der Täufer schickt uns zu dir. Er will wissen, ob du der bist, den Gott uns senden will, oder ob wir auf einen anderen warten sollen.« In jener Stunde war Jesus eben dabei, viele Menschen von ihren Krankheiten und Leiden und von dunklen Mächten zu befreien. Und vielen Blinden schenkte er das Augenlicht. Da antwortete er ihnen: »Geht und berichtet Johannes, was ihr seht und hört: Blinde sehen, Gelähmte gehen, Aussatzkranke werden gesund, Taube hören, Tote wachen auf, und die Armen empfangen die Botschaft, dass Gott sie liebt. Glücklich zu preisen aber ist, wer an meinem Anspruch nicht irrewird.«

Als die Boten des Johannes weggegangen waren, begann Jesus die Menschen anzureden, weil sie Johannes kannten: »Wozu seid ihr zu Johannes in die Wüste hinausgezogen? Was wolltet ihr am Jordan sehen? Ein Schilfrohr, das jedem Wind nachgibt? Wozu seid ihr hinausgegangen? Einen Menschen zu sehen, der prächtige Kleider trug? Aber prächtige Gewänder und üppiges Leben findet man in den Palästen der Könige. Oder was hat euch getrieben? Was wolltet ihr sehen? Einen Propheten? Ja, wahrhaftig, das sage ich euch: Johannes ist mehr als ein Prophet. Er ist der Vorläufer, über den geschrieben ist: ›Meinen Boten sende ich vor dir her, der dir deinen Weg bereiten soll.‹ Was ich sage ist wahr: unter allen, die von Frauen geboren wurden, ist keiner, der größer gewesen wäre als er. Aber der Kleinste, der heute mit mir im Anbruch des Reiches Gottes lebt, ist größer als er. Das ganze Volk, das ihn hörte, und die Zöllner kamen dem Willen Gottes nach und ließen sich von Johannes taufen. Aber die Pharisäer und die Gesetzeslehrer lehnten Gottes Heilsangebot ab und ließen sich nicht von ihm taufen.

7,18-30

Wem soll ich denn die Menschen dieser Zeit vergleichen? Sie sind wie die Kinder, die auf dem Markt sitzen und einander verklagen: ›Wir haben geflötet, und ihr wolltet nicht tanzen. Wir haben Klagelieder gesungen, und ihr wolltet nicht weinen!‹

Da kam nun dieser Johannes, der Täufer, verzichtete auf Brot und auf Wein, und ihr sagt: ›Er ist nicht normal!‹ Nun komme ich, esse und trinke wie jeder andere, und ihr sagt: ›Seht, wie der Mensch lebt! Ein Fresser und Weinsäufer, ein Kumpan von Ausbeutern und Gottlosen!‹ Und es hat sich doch Gottes Weisheit so klar bewiesen durch seine Kinder, die von ihr erfüllt und bewegt sind.«

7,31-35

Liebe zu den Ausgestoßenen

Einmal war Jesus von einem Pharisäer eingeladen, bei ihm zu essen, und er kam in das Haus und legte sich zu Tisch. In jener Stadt lebte eine Frau, die von den Frommen gemieden war, weil sie eine Dirne war. Als die sah, dass er bei dem Pharisäer speiste, brachte sie ein Glas mit Salbe, trat von hinten her zu seinen Füßen und weinte, netzte seine Füße mit ihren Tränen, wischte sie mit ihren Haaren ab, küsste sie und rieb sie mit Salbe ein. Als der Pharisäer das sah, machte er sich seine Gedanken: ›Wenn der ein Prophet wäre, wüsste er, was für eine Frau das ist, die ihn berührt, dass sie nämlich eine Sünderin ist.‹ Da wandte sich Jesus an ihn: »Simon, ich habe dir etwas zu sagen.« Er ging darauf ein: »Meister, rede!« Und Jesus sprach: »Ein Geldverleiher hatte zwei Schuldner. Der eine war tausend Mark schuldig, der andere hundert. Als sie das Geld nicht zurückzahlen konnten, schenkte er es beiden. Wer von den beiden wird ihm dankbarer sein?« Simon meinte: »Ich vermute, der, dem er mehr geschenkt hat.« »Du hast richtig geurteilt«, antwortete Jesus, und zu der Frau gewendet, fuhr er fort: »Siehst du diese Frau? Ich kam in dein Haus, und du gabst mir kein Wasser für meine Füße. Sie aber netzt sie mit Tränen und trocknet sie mit ihren Haaren. Du gabst mir keinen Kuss. Sie aber küsst, seit ich hier bin, unaufhörlich meine Füße. Du hast mir das Haupt nicht mit Öl gesalbt. Sie aber hat mir mit der viel kostbareren Salbe die Füße eingerieben. Daran wird eins deutlich, und das sage ich dir: Ihr sind ihre vielen Sünden vergeben, denn sie hat viel Liebe. Wer wenig Vergebung empfangen hat, hat auch wenig Liebe zu geben.« Und er wandte sich an sie: »Deine Sünden sind dir erlassen.« Da redeten die übrigen Gäste miteinander und fragten sich: »Wer ist das, der hier Sünden vergibt?« Jesus aber wandte sich an die Frau: »Dein Glaube hat dich gerettet. Geh! Friede wird mit dir sein.«

7,36-50

In der folgenden Zeit wanderte Jesus von Stadt zu Stadt und von Dorf zu Dorf und rief den Menschen zu: »Die Stunde ist da! Die Stunde, in der Gott kommt!« Und die zwölf Jünger begleiteten ihn. In seiner Begleitung waren auch

Die Geschichte von der »großen Sünderin«.

einige Frauen, die er von geistigen und leiblichen Leiden geheilt hatte: Maria aus Magdala, die besonders schwer unter einem dunklen Geist gelitten hatte, Johanna, die Frau des Chuza, eines Beamten des Herodes, Susanna und viele andere, die aus ihrem Vermögen für ihn sorgten.
8,1-3

Wie Gott in die Seele kommt

Als einmal wieder eine große Menschenmenge bei ihm zusammengeströmt war und die Leute aus allen Städten zu ihm eilten, sagte er ihnen ein Gleichnis:

»Ein Bauer ging auf sein Feld, um zu säen.
Als er den Samen auswarf,
fiel ein Teil an den Weg und wurde zertreten,
und die Vögel kamen und pickten ihn weg.
Ein anderer Teil fiel auf felsigen Grund.
Er wuchs rasch auf und wurde dürr,
weil er keine Feuchtigkeit hatte.
Einiges fiel unter die Dornen,
und die Hecken wuchsen zusammen
und erstickten es.
Das übrige aber fiel in gute Erde,
und als es aufwuchs,
bildete es hundertfache Frucht.«

Wer Ohren hat, höre!

Da fragten ihn seine Jünger nach dem Sinn dieser Geschichte. Er antwortete: »Euch, den Erwählten, ist es gegeben, das Geheimnis, wie Gott uns nahe kommt, zu verstehen. Zu den anderen, den Widerstrebenden, rede ich in Geschichten, so dass sie mit sehenden Augen nichts sehen und mit hörenden Ohren nichts vernehmen. Der Sinn der Geschichte ist der: Die Saat ist Gottes Wort. Es wird in die Menschen hineingesprochen. Die nun das Wort hören und es nicht fassen, sind wie der Weg, auf den die Körner fielen: Wenn das Wort ausgesät ist, kommt der Widersacher und rafft das Wort aus ihren Herzen hinweg. Denn sie sollen sich ja dem Wort nicht anvertrauen und nicht gerettet werden. Ein Teil fiel auf felsigen Grund. Damit meine ich die, die das Wort hören und es mit Freude empfangen, die aber keinen Wurzelgrund in sich haben. Für den Augenblick glauben sie, wenn aber der Glaube bedroht wird, fallen sie ab. Wieder andere meine ich mit den Dornen: Sie hören das Wort, aber die Sorgen, die Jagd nach Geld und Vergnügen ersticken es, und es wächst kein Leben daraus. Einiges war auf das gute Land gesät: Das sind die, die das Wort hören, es in einem aufmerksamen und willigen Herzen aufnehmen und das Reich Gottes in Geduld wachsen lassen.
8,4-15

Niemand holt sich eine Lampe,
um sie unter einem Eimer
oder unter dem Bett zu verstecken.
Er holt sie, um sie frei aufzustellen,
damit die Eintretenden Licht haben.
Nichts ist so verborgen,
dass es nicht offenkundig würde,
oder so versteckt,
dass man es nicht bemerkte
und es nicht ans Licht käme.

Macht euch klar, was ihr hört:
Gott wird euch,
die schon so viel
von seinem Geheimnis empfingen,
noch mehr hinzuschenken,
und er wird denen,
die nichts wissen vom Geheimnis,
auch das nehmen,
was sie zu besitzen meinen.«

Einmal kamen seine Mutter und seine Brüder zu ihm, die konnten wegen des dichten Gedränges nicht zu ihm durchdringen. Da sagte man ihm: »Deine Mutter und deine Brüder sind draußen und wollen dich sehen!« Er aber wehrte ab: »Meine Mutter und meine Brüder sind die, die das Wort von Gott hören und nach ihm leben.«
8,16-21

Das Evangelium ist Heilung

An einem jener Tage bestieg er mit seinen Jüngern zusammen ein Schiff: »Auf! Wir fahren ans andere Ufer!« Und sie fuhren ab. Während der Fahrt schlief er ein. Plötzlich kam ein Sturm auf, das Wasser schlug ins Schiff, und sie kamen in große Gefahr. Da weckten sie ihn

und riefen: »Meister, Meister, wir gehen unter!« Er stand auf und herrschte den Sturm an und das Gewoge der Wasser. Da ließen sie nach, und tiefe Stille breitete sich über dem See aus. An seine Begleiter aber gewandt sagte er: »Wo habt ihr denn euren Glauben?« Die fürchteten sich und waren ratlos und fragten einander: »Was ist das für einer, dass er dem Wind und dem Wasser gebietet und sie ihm gehorchen?«
8,22-25

In der Gegend von Gerasa, Galiläa gegenüber am anderen Ufer, gingen sie an Land. Kaum war Jesus aus dem Schiff getreten, begegnete ihm ein Mann, der war von dunklen Geistern besetzt. Schon seit langer Zeit trug er keine Kleider mehr, er wohnte auch in keinem Haus, sondern in den Grabhöhlen. Als der Jesus sah, warf er sich vor ihm auf die Erde, und es schrie aus ihm: »Was willst du von mir, Jesus, du Sohn Gottes, des Höchsten? Ich flehe dich an! Quäle mich nicht!« Denn Jesus hatte dem Dämon seiner Krankheit soeben befohlen, den Menschen zu verlassen. Dieser Geist hatte ihn seit langer Zeit in seiner Gewalt. Man hatte den Mann mit Ketten und Fußfesseln gebunden und bewacht, aber er hatte die Ketten jedes Mal zerrissen und war von dem Geist in einsame Gegenden getrieben worden. Jesus fragte den Dämon: »Wie ist dein Name?« Er antwortete: »Ich heiße ›Gedränge!‹«, denn in dem Menschen war eine Menge dunkler Kräfte, und er bat ihn, er möge ihn doch nicht in den Abgrund verbannen.

Nun war dort eine große Herde Schweine, die am Berg weideten. Da bat der Geist weiter, er möge ihm doch erlauben, in die Schweine zu fahren, und Jesus erlaubte es. Und heraus fuhren die dunklen Kräfte, heraus aus dem Menschen und hinein in die Schweine, und die Schweine rasten den Abhang hinab ins Meer und ertranken. Die Schweinehirten sahen, was geschah, liefen davon und trugen die Nachricht in die Stadt und ins Land, so dass die Leute kamen und sehen wollten, was sich da zugetragen habe. Sie kamen zu Jesus und fanden den Geheilten, Jesus zu Füßen sitzend, ordentlich bekleidet und vernünftig, und fürchteten sich. Die es aber selbst mit angesehen hatten, erzählten ihnen, wie es zugegangen sei, dass der Kranke geheilt wurde. Und die ganze Bevölkerung der Gegend um Gerasa bat Jesus, er möge doch ihr Land verlassen, so groß war ihre Furcht. Jesus stieg wieder ins Schiff und fuhr zurück. Zuvor bat ihn der soeben Geheilte, bei ihm bleiben zu dürfen, aber Jesus schickte ihn weg: »Geh nach Hause und sage den Deinen, welche große Hilfe du von Gott empfangen hast.« Und er ging weg und erzählte in der ganzen Stadt, was Jesus an ihm getan habe.
8,26-39

Am anderen Ufer wurde Jesus vom Volk schon erwartet und mit Freude empfangen. Da geschah es, dass ein Mann mit Namen Jaïrus zu ihm kam, der der Leiter der Gemeinde war. Der warf sich vor Jesus auf die Erde und bat ihn, er möchte doch in sein Haus kommen, denn seine einzige Tochter von zwölf Jahren lag im Sterben. Als aber Jesus mit ihm gehen wollte, hielt ihn das Gedränge der Menschen fest. Und es kam eine Frau, die seit zwölf Jahren an Blutungen litt. Sie hatte an die Ärzte ihr ganzes Vermögen verloren, und niemand konnte sie heilen. Die drängte sich zu Jesus durch und berührte den Saum seines Gewandes von hinten. Im selben Augenblick stockte ihre Blutung. Jesus sah sich um: »Wer hat mich berührt?« Als aber niemand sich dazu bekannte, meinte Petrus: »Meister, die Leute umdrängen und stoßen dich von allen Seiten!« Aber Jesus wiederholte: »Es hat mich jemand berührt. Es ist Kraft von mir ausgegangen.« Die Frau sah, dass es sich nicht verheimlichen ließ, kam zitternd und gestand vor aller Ohren, warum sie ihn berührt hatte und wie sie im Augenblick gesund geworden war. »Meine Tochter«, erwiderte er, »dein Glaube hat dich gerettet. Geh im Frieden.«

Während er noch redete, kam jemand aus dem Hause des Jaïrus: »Deine Tochter ist gestorben! Bemühe den Meister nicht weiter!« Aber Jesus wandte sich ihm zu: »Fürchte dich nicht! Halte dein Vertrauen fest, und sie wird gerettet werden.« Beim Betreten des Hauses hieß er alle zurückbleiben außer Petrus, Johannes, Jakobus und den Eltern des Kindes. Rundum war ein allgemeines Weinen und Klagen, und Jesus rief den Leuten zu: »Lasst das Geschrei! Sie ist nicht tot. Sie schläft!« Ein Gelächter war die Antwort. Man wusste doch, dass sie gestorben war. Drinnen nahm er ihre Hand und sprach sie an: »Kind, steh auf!« Da kehrte ihr Atem wieder, sie stand sogleich auf, und Jesus ordnete an, man solle ihr zu essen geben. Die

Eltern gerieten außer sich vor Schrecken, er aber schärfte ihnen ein, sie sollten keinem Menschen erzählen, was geschehen war.
8,40-56

Der innere Kreis und sein Auftrag

Und Jesus rief die Zwölf zusammen und gab ihnen Auftrag und Macht, dunkle Mächte auszutreiben und Krankheiten zu heilen. Und er sandte sie ins Land aus, das Reich Gottes auszurufen und die Kranken zu heilen, und sagte ihnen: »Nehmt nichts mit auf den Weg, keinen Stock, keinen Reisesack, kein Brot und kein Geld, auch nicht zwei Kleider. Wenn ihr in ein Haus eingekehrt seid, dann bleibt dort, bis ihr weiterzieht. Und wenn sie euch nicht aufnehmen, dann verlasst den Ort und schüttelt den Staub von euren Füßen zum Zeichen dafür, dass man Gottes Nähe und Liebe dort nicht wollte.« Und sie gingen auseinander, wanderten durch die Orte des Landes, verkündigten das Evangelium und heilten, wohin sie kamen.
9,1-6

Nun hörte auch Herodes, der Provinzfürst, was hier geschah. Er wusste nicht, was er davon halten sollte, denn er hörte einige sagen, Johannes der Täufer sei aus dem Tode wiedergekommen, während andere sagten, Elija sei erschienen, und wieder andere meinten, in diesem Jesus sei irgendeiner von den Gottesmännern früherer Zeiten wiedergekommen. Und Herodes äußerte: »Den Johannes habe ich enthauptet. Ich muss wissen, wer nun dieser Jesus ist, von dem ich so viel höre.« Und er wollte ihn sehen.

Nach ihrer Rückkehr erzählten die Ausgesandten Jesus, wie große Dinge sie getan hätten. Und Jesus nahm sie beiseite und zog sich mit ihnen nach Betsaida zurück. Aber sie konnten nicht allein sein, denn die Leute sahen ihn und strömten ihm nach. Er wies sie nicht zurück, sondern fing wieder an, zu der Menge über Gottes Reich zu sprechen. Und er heilte, die es nötig hatten.
9,7-11

Der Tag neigte sich, und die Zwölf wandten sich an Jesus: »Lass die Leute gehen. Es wäre gut, sie gingen in die nächsten Dörfer und Gehöfte und suchten dort Unterkunft und Speise. Wir sind hier in einer einsamen Gegend.« »Gebt doch ihr ihnen zu essen!«, war die Antwort. Sie aber meinten: »Wir haben hier nicht mehr als fünf Brote und zwei Fische. Oder sollen wir selbst gehen und für diese ganze Menge Nahrung kaufen?« Es waren nämlich ungefähr fünftausend Mann. Aber Jesus sagte: »Sorgt dafür, dass sie sich in Gruppen von je fünfzig zu Tischgemeinschaften niederlassen.« Sie taten es und hießen sie sich lagern. Da nahm Jesus die fünf Brote und die zwei Fische, sah auf zum Himmel, sprach das Segensgebet, brach sie und gab sie den Jüngern mit der Weisung, sie sollten sie an die Menge weitergeben. Sie alle aßen und wurden satt. Am Ende hob man die Brocken auf, die sie übrig gelassen hatten: zwölf Körbe voll.
9,12-17

Das Christusbekenntnis des Petrus

Als nun Jesus sich zum Gebet in die Einsamkeit zurückgezogen hatte, kamen seine Jünger zu ihm. Da fragte er sie: »Was sagen denn die Leute, wer ich sei?« »Manche meinen«, antworteten sie, »du seist Johannes der Täufer, andere, in dir sei Elija wiedergekommen, wieder andere, einer von den alten Propheten.« »Und was sagt ihr selbst, wer ich sei?«, fragte er weiter, und Petrus antwortete: »Du bist der Christus, der von Gott kommt.« Da verbot ihnen Jesus streng, das zu irgendeinem Menschen zu sagen, und fügte hinzu, er werde viel leiden müssen, er werde von den Ältesten, den Priestern und den Schriftgelehrten ausgestoßen. Man werde ihn töten, am dritten Tage aber werde er aus dem Tode auferstehen.
9,18-22

An alle gewandt, fuhr er fort:
»Wer zu mir gehören will,
sehe von sich selbst ab.
Tag für Tag nehme er sein Kreuz auf sich
und sei bereit,
mir zur Hinrichtung zu folgen.
Wer sein Leben retten will,
wird es verlieren,
wer aber sein Leben verliert,
weil er mich bekennt, wird es finden.
Denn was gewinnt er,
wenn er die ganze Welt gewinnt,

aber sich selbst verliert oder sich schadet?
Wer sich meiner schämt und meiner Worte,
dessen werde auch ich mich schämen,
wenn ich in meinem und meines Vaters Licht
und mit meinen Engeln kommen werde.
Ich sage die Wahrheit:
Es stehen einige hier,
die den Tod nicht schmecken werden,
ehe sie Gottes Reich geschaut haben.«

9,23-27

Himmel und Erde durchdringen einander

Etwa eine Woche nach diesen Gesprächen nahm Jesus Petrus, Johannes und Jakobus beiseite und stieg mit ihnen ins Gebirge, um zu beten. Da geschah es, als er betete, dass sich das Aussehen seines Gesichtes veränderte und sein Gewand zu leuchten anfing in einem strahlenden Glanz. Und zwei Männer, Mose und Elija, traten zu Jesus und sprachen mit ihm. Sie erschienen in überhellem Licht und sprachen mit ihm über sein Geschick, über den Tod, den er in Jerusalem erleiden würde.

Petrus aber und seine Begleiter waren in tiefem Schlaf befangen, und als sie erwachten, sahen sie ihn in seinem strahlenden Licht und die beiden Männer, die bei ihm standen. Als die Erscheinungen schwanden, sprach Petrus zu Jesus: »Meister, es ist gut, dass wir hier sind, wir wollen drei Zelte aufschlagen, eins für dich, eins für Mose und eins für Elija.« Er wusste aber selbst nicht, was er da sagte. Während er aber so redete, zog eine Wolke über den Berg und hüllte sie ein, und sie fürchteten sich vor der Wolke. Eine Stimme redete plötzlich aus ihr: »Das ist mein Sohn, den ich mir erwählt habe, den sollt ihr hören«, und Jesus war wieder allein. Sie aber verschwiegen das Erlebnis und erzählten niemandem in jenen Tagen, was sie gesehen hatten.

9,28-36

Anderentags, als sie wieder vom Berg abstiegen, kam ihnen eine große Menschenmenge entgegen. Mitten unter den anderen rief einer: »Du Meister! Ich bitte dich! Sieh hierher auf meinen Sohn! Ich habe nur diesen einen! Der wird von einem dunklen Geist gequält, der ihn immer wieder ergreift, so dass er aufschreit. Er reißt ihn hin und her und treibt ihm den Schaum vor den Mund. Er lässt kaum von ihm ab und nimmt ihm alle seine Kräfte. Ich habe deine Jünger gebeten, sie möchten doch mein Kind von ihm befreien, aber sie konnten es nicht!« »O du ungläubiges und verdrehtes Geschlecht!«, rief Jesus aus. »Wie lange muss ich noch bei euch sein und euch ertragen? Bring deinen Sohn her!« Als der zu Jesus kam, riss der Geist ihn zu Boden und zerrte ihn hin und her. Da trieb Jesus den Geist der Krankheit mit Macht aus, heilte den Jungen und gab ihn seinem Vater wieder. Die Leute aber gerieten außer sich vor Staunen über die Größe Gottes.

Da, während noch alle voll Begeisterung waren über all sein Tun, sprach er zu seinen Jüngern: »Nehmt die Worte, die ich jetzt sage, in eure Ohren: In Kürze wird man mich dem Hass und der Gewalt der Menschen ausliefern.« Sie aber verstanden das Wort nicht, es war ihnen unbegreiflich, so dass sie seinen Sinn nicht erfassten. Ihn aber darum zu befragen, scheuten sie sich.

9,37-45

Einmal kam auch ein Streit unter ihnen auf, wer von ihnen am meisten zu sagen habe. Jesus sah, dass sie mit solchen Gedanken umgingen, nahm ein Kind und stellte es neben sich: »Wer dieses Kind aufnimmt, weil er begriffen hat, dass er dabei mit mir zu tun hat, der nimmt in Wirklichkeit mich selbst auf. Wer aber mich aufnimmt, der hat es nicht mit mir allein zu tun, er nimmt den bei sich auf, der mich gesandt hat. Wer unter euch am kleinsten ist, der ist wirklich groß.«

Einmal sagte Johannes: »Meister, wir sahen einen, der beschwor die Geister der Krankheiten und berief sich dabei auf dich. Er will sich uns aber nicht anschließen, und wir haben ihm untersagt, so fortzufahren.« Aber Jesus erwiderte: »Hindert ihn nicht. Wer nicht gegen uns ist, ist für uns.«

9,46-50

Der Weg nach Jerusalem

Dann kam die Zeit, in der er von der Erde weggenommen werden sollte. Er wandte sich auf den Weg nach Jerusalem. Als er dorthin unterwegs war, sandte er Boten vor sich her, die kamen in ein Dorf, in dem Samaritaner wohnten, und sollten ihm das Quartier bereiten. Die Leute aber wollten ihn nicht aufnehmen, weil er auf dem Weg nach Jerusalem war (wo der Tempel stand, der ihnen verschlossen war). Als Jakobus und Johannes, die beiden Jünger, das erkannten, fragten sie: »Herr, bist du einverstanden, wenn wir Feuer vom Himmel fallen lassen, das sie verzehrt?« Er aber wandte sich zu ihnen um und wies sie zurecht. Und sie wanderten weiter in ein anderes Dorf.
9,51-56

Maßstäbe für Mitarbeiter

Eines Tages, als sie auf diesem Weg waren, kam einer zu Jesus: »Ich will mit dir gehen, überallhin, wohin immer du gehst!« Aber Jesus erwiderte: »Die Füchse haben ihren Bau. Die Vögel des Himmels ihr Nest. Ich selbst habe keinen Ort, an den ich mein Haupt legen könnte.« Einen anderen forderte er auf: »Komm mit!« Der bat ihn: »Erlaube mir, dass ich vorher nach Hause gehe und meinem Vater die letzte Ehre erweise.« Jesus erwiderte: »Lass die Toten ihren Toten Ehre erweisen! Fang du an! Verkündige das Reich Gottes!« Ein dritter kam von sich aus: »Ich will zu dir gehören, nur erlaube mir noch eine Abschiedsfeier mit meiner Familie.« Doch Jesus wehrte ab: »Wer mit den Händen den Pflug fasst und dabei zurücksieht, taugt nicht dazu, dem Reich Gottes den Boden zu bereiten.«
9,57-62

Später wählte Jesus aus der großen Zahl seiner Anhänger weitere siebzig aus. Die sandte er, immer zu zweien, vor sich her in alle Städte und Ortschaften, die er besuchen wollte, und sagte ihnen:

»Die Ernte ist groß,
der Schnitter sind wenige.
Bittet darum den Herrn der Ernte,
er möge Arbeiter senden,
sie einzubringen.

Geht! Ich sende euch wie Schafe
mitten unter die Wölfe.
Tragt keinen Beutel
und keinen Reisesack mit euch
und haltet euch bei niemandem auf.
Wenn ihr in ein Haus kommt,
dann sprecht: ›Friede diesem Haus!‹
Wohnt dort ein Mensch des Friedens,
so wird euer Friede auf ihm ruhen.
Wenn nicht,
wird er wieder mit euch ziehen.
In jenem Hause aber bleibt,
esst und trinkt, was sie anbieten,
denn der Arbeiter ist seinen Lohn wert.
Wenn ihr in einen Ort kommt,
der euch aufnimmt,
dann esst, was sie euch auftragen,
heilt ihre Kranken und sagt ihnen:
›Das Reich Gottes ist euch nahe!‹
Kommt ihr aber in einen Ort,
der euch nicht aufnimmt,
so geht wieder hinaus auf die Straße
und sprecht: ›Auch den Staub aus eurer Stadt,
der an unseren Füßen blieb, schütteln wir ab.
Aber ihr sollt wissen,
dass euch Gottes Reich nahe war.‹
Ich sage euch,
Sodom wird es erträglicher gehen
an jenem Gerichtstag als dieser Stadt.
10,1-12

Wehe dir, Chorazin!
Wehe dir, Betsaida!
Wären in Tyrus und Sidon
die Machttaten geschehen,
die ihr erlebt habt,
sie hätten in Sack und Asche Buße getan.
Aber Tyrus und Sidon
wird es erträglicher gehen
im Gericht als euch.

Und du, Kafarnaum,
wirst du etwa erhöht werden
bis an den Himmel?
In die Hölle wirst du fahren!

Denn wer euch hört, hört mich,
und wer euch verachtet, verachtet mich.

Meister Bertram: Sturz des Luzifer.
Das Bild steht auf einem Altar, der die Schöpfung schildert. Ihm liegt die mythische Legende zugrunde, dem Fall des Menschen sei ein Fall des Satans vorausgegangen. Gott habe ihn vom Himmel auf die Erde gestürzt. Hier schließt Jesus offenbar an jenen Gedanken an, aber so, dass der Sturz des Satans der Rettung des Menschen vorausgeht. Der Sturz des Satans ist ein Zeichen des nahenden Gottesreiches.

Wer aber mich verachtet,
der weist den ab, der mich gesandt hat.«

Damals kamen die Siebzig wieder zurück und erzählten voller Freude: »Herr, wenn wir deinen Namen nennen, weichen uns sogar die dämonischen Mächte!« Da bekräftigte Jesus:

»Ja! Ich sah,
wie der Satan vom Himmel stürzte,
wie ein Blitz herabfährt.
Ja! Ich gab euch Macht,
auf Schlangen und Skorpione zu treten!
Ich gab euch Macht über alle Gewalt
des Widersachers,
und nichts wird euch schaden.
Aber freut euch nicht darüber,
dass die Geister euch fürchten.
Freut euch, dass Gott euch kennt
und ihr Wohnrecht habt bei ihm.«
10,13-20

In jener Zeit dankte Jesus Gott mit einem Lobgesang. In der Kraft des Geistes jubelte er:

»Ich preise dich, Vater,
du Herr des Himmels und der Erde.
Du hast dein Geheimnis verborgen
vor den Weisen und Klugen
und es den Unmündigen offenbart.
Ja, Vater, so gefiel es dir.
Alles ist mir anvertraut von meinem Vater.
Niemand weiß, wer der Sohn ist,
außer dem Vater,

niemand weiß, wer der Vater ist,
außer dem Sohn
und dem der Sohn ihn zeigen will!«

Und zu den Zwölfen gewandt:
»Glücklich sind eure Augen,
dass sie sehen dürfen,
was ihr seht.
Viele Propheten und Könige wollten schauen,
was ihr schaut, und nahmen es nicht wahr,
und wollten hören, was ihr hört,
und haben es nicht vernommen.«
10,21-24

Den Menschen zum Leben helfen

Einmal stand während eines Gesprächs ein Gesetzeslehrer auf, wollte ihm eine Falle stellen und fragte: »Meister, was muss ich tun, um das ewige Leben zu gewinnen?« Jesus entgegnete: »Du kannst doch lesen. Was steht denn im Gesetz?« »Liebe den Herrn, deinen Gott«, sagte jener, »aus ganzem Herzen, ganzer Seele, mit allen Kräften und Gedanken, und deinen Mitmenschen wie dich selbst.« Jesus antwortete: »Richtig! Tu das, so wirst du leben.« Er aber wollte seine Frage noch einmal rechtfertigen und fragte weiter: »Wer ist denn mein Mitmensch?« Jesus nahm die Frage auf und erzählte:

»Ein Mann ging hinab
von Jerusalem nach Jericho
und wurde überfallen von Räubern.
Die zogen ihn aus, schlugen ihn zusammen,
gingen davon und ließen ihn halbtot liegen.
So fand ihn ein Priester. Als er ihn sah,
wich er aus und ging vorüber.
Ebenso ein Tempeldiener.
Auch er sah ihn, auch er ging vorüber.
Ein Samariter aber, der des Weges kam,
ein Mann aus Samaria,
kümmerte sich um ihn. Er ging hin zu ihm,
verband seine Wunden,
goss Öl und Wein darüber,
setzte ihn auf sein Lasttier
und brachte ihn in eine Herberge.
Dort versorgte er ihn bis zum nächsten Tag.
Dann gab er dem Wirt zwei Silberstücke
und sagte: ›Sorge für ihn,
und wenn er dich mehr kostet,
will ich das bezahlen,
wenn ich wiederkomme.‹
Was meinst du, wer von den dreien
ist dem ein Mitmensch geworden,
der unter die Räuber fiel?«

Er antwortete: «Der barmherzig war.«
Da sagte ihm Jesus: »Geh und tu wie er!«
10,25-37

Das Gespräch mit Gott und das Gebet

Auf dieser Reise kam er in ein Dorf, in dem eine Frau mit Namen Marta ihn aufnahm. Sie hatte eine Schwester namens Maria. Die setzte sich zu seinen Füßen und hörte ihm zu. Marta aber lief umher und machte sich viel zu schaffen, um ihren Pflichten als Gastgeberin nachzukommen. Da fragte sie Jesus: »Herr, stört es dich nicht, dass meine Schwester mich so allein arbeiten lässt? Sag ihr, sie solle mit anfassen!« »Marta«, erwiderte Jesus, »Marta, du machst dir Sorgen und kümmerst dich um tausend Dinge. Es ist weniger nötig, als du glaubst. Nur eins. Maria hat das bessere Teil gewählt, das soll man ihr nicht nehmen.«
10,38-42

Eines Tages, als er sich zum Gebet zurückgezogen hatte und wiederkam, bat ihn einer von seinen Jüngern: »Gib uns ein Gebet, das wir immer beten können. Auch Johannes hat ja seinen Jüngern ein Gebet gegeben!« Er antwortete: »Wenn ihr beten wollt, dann sprecht:

Vater!
Dein Name werde geheiligt.
Dein Reich komme.
Gib uns das Brot für den kommenden Tag.
Vergib uns unser Unrecht,
denn auch wir vergeben denen,
die uns Unrecht tun.
Und bewahre uns vor der Gefahr,
dich zu verlieren.
11,1-4

Denkt euch folgenden Fall:
Es hat einer einen Freund.
Zu dem geht er mitten in der Nacht
und ruft ihn: ›Lieber Freund,
hilf mir doch aus mit drei Broten!

Höhle im Wadi Kilt zwischen Jerusalem und Jericho.

Ein Bekannter ist bei mir eingekehrt,
und ich habe nichts für ihn zu essen.‹
Da ruft der von drinnen heraus:
›Lass mich in Frieden!
Die Tür ist verriegelt,
meine Kinder schlafen bei mir auf dem Lager.
Ich kann nicht aufstehen und dir Brot geben!‹

Aber ich sage euch: Wenn er nicht aufsteht,
weil er sein Freund ist,
dann wird er doch aufstehen,
weil er ihn immer wieder mit seinem Rufen
aus dem Schlaf reißt, und ihm helfen.
Und ich sage euch:
Bittet, so wird euch gegeben.
Sucht, so werdet ihr finden.
Klopft an, so wird euch aufgetan.
Jeder, der bittet, empfängt.
Wer sucht, der findet,
und wer anklopft, dem wird aufgetan.

Denkt euch einen Vater.
Sein Sohn bittet um einen Fisch,
und der Vater gibt ihm eine Schlange.
Der Sohn bittet um ein Ei,
und der Vater reicht ihm einen Skorpion.
Nicht einmal unter euch Menschen
würde man das tun.
Ihr wisst euren Kindern zu geben,
was sie brauchen. Wie viel mehr
wird euer himmlischer Vater
den heiligen Geist geben denen,
die ihn darum bitten!«
11,5-13

Worte über das Böse

Einmal hatte Jesus einen stummen Menschen frei gemacht von einem Dämon. Und als der dunkle Geist ihn verlassen hatte, redete der Stumme. Die Leute waren außer sich vor Staunen. Aber einige sagten: »Er treibt die kleinen Teufel aus mit Hilfe des großen.« Andere forderten ihn auf: »Gib ein Zeichen, an dem wir merken, dass du in Gottes Auftrag handelst.« Aber Jesus verstand ihre Absicht und sprach:
»Ein Reich, das in Teile zerfällt,
die gegeneinander Krieg führen,
wird zur Wüste.
Ein Haus fällt über das andere.
Wenn der Satan sich selbst bekämpft,
wie kann seine Macht bestehen?
Ihr sagt,
ich treibe mit Hilfe des obersten Teufels
die Teufel aus. Wer aber hilft den Männern
aus euren eigenen Kreisen,
die dasselbe tun? Wem dienen denn sie?
Sie bringen den Unsinn ans Licht,
den ihr redet.
Wenn es aber Gottes Finger ist,
der durch mich solches Tun wirkt,
dann ist ja das Reich Gottes gekommen!

Wenn ein Bewaffneter und Starker
sein Haus bewacht, ist es im Frieden
mit allem, was darin ist.
Kommt aber ein Stärkerer als er
und besiegt ihn,
so kann er ihm seine Rüstung nehmen,
auf die er sich verließ,
und seinen Besitz als Beute verteilen.
11,14-22

Wer mir nicht hilft, widerstreitet mir.
Wer nicht mit mir Hirte ist,
der ist ein Wolf.

Denkt euch einen, der von einem Dämon besetzt war. Der Dämon verlässt ihn, nun treibt er sich in der Wüste umher, sucht eine Wohnung und findet sie nicht. Da sagt er sich: ›Ich will in das Haus gehen, das ich verlassen habe.‹ Wenn er es betritt, findet er es gekehrt und geschmückt. Er geht hin und holt sieben andere Geister, die schlimmer sind als er selbst, die kommen und lassen sich häuslich nieder. Mit dem Menschen aber steht es am Ende schrecklicher als am Anfang.«

Während er so sprach, rief plötzlich eine Frau mit lauter Stimme: »Ach, wenn man doch so glücklich sein könnte wie die Frau, die dich in ihrem Leib trug, an deren Brust du getrunken hast!« Jesus aber fing das Wort auf:

»Halt! Wer ist wirklich glücklich?
Glücklich sind, die es hören,
wenn Gott spricht, und sein Wort bewahren!«
11,23-28

Jan Vermeer van Delft: Christus bei Maria und Marta.

Das Zeichen des Jona

Und Jesus sprach weiter
zu der versammelten Menge:
»Diese schrecklichen Menschen
wollen immerfort Wunder sehen!
Sie werden von Gott kein Zeichen erleben
außer dem, das Jona traf.
Jona war den Leuten von Ninive ein Zeichen
für den Tod und das Leben.
So werde ich ihnen
ein Zeichen von Gott sein.
Die Königin aus dem Süden
wird im letzten Gericht
mit den heute Lebenden zusammen auftreten
und wird sie verdammen,
denn sie kam vom Ende der Erde,
um Salomos Weisheit zu hören.
Ihr aber seht einen Größeren als Salomo!
Die Leute von Ninive
werden im letzten Gericht
mit den heute Lebenden zusammen auftreten
und sie verdammen,
denn sie kehrten um,
als Jona zu ihnen sprach.
Ihr aber seht einen Größeren als Jona.

Niemand zündet ein Licht an,
um es in einem Winkel zu verstecken
oder unter einer Wanne.
Er stellt es auf einen Leuchter,
denn wer das Haus betritt,
soll Licht haben.

Das Auge
gibt dem ganzen Menschen das Licht.
Ist es klar,
so ist der Mensch für das Licht offen.
Wenn das Auge dunkel wird,
ist der ganze Mensch umgeben von Finsternis.
Darum achte darauf,
dass das Licht in dir
nicht zur Finsternis wird.
Denn wenn dein Leib dem Licht offen ist,
bist du frei von Finsternis
und ganz erfüllt von Licht,
wie es geschieht, wenn der Lichtstrahl
der Lampe dich trifft.«
11,29-36

Über rituelle Waschungen

Während er so redete, kam ein Pharisäer und lud ihn zum Essen ein, und Jesus ging mit ihm zu Tisch. Da sagte der Pharisäer: »Ich muss mich wundern. Du hast deine Hände nicht gewaschen, du bist unrein!« Jesus antwortete:

»Ihr Pharisäer!
Ihr reinigt Becher und Schüsseln von außen,
innen aber ist nichts als Raubtierfutter
und Bosheit! Ihr Toren,
hat, der das Äußere geschaffen hat,
nicht auch das Innere geschaffen?
Gebt, was in der Schüssel ist, weiter
an die, die es brauchen,
so ist alles rein.

Weh euch, ihr Pharisäer!
Ihr gebt den Zehnten für Minze,
Raute und Küchenkräuter,
aber geht achtlos am Recht vorüber
und an der Gottesliebe.
Das eine sollte man tun,
das andere nicht lassen.

Weh euch, ihr Pharisäer!
Ihr liebt die vorderen Plätze
in den Gotteshäusern
und die Ehrerbietung
der Leute auf dem Markt.
Wie Gräber seid ihr, unkenntliche.
Die Leute gehen darüber und wissen nicht,
was unter ihren Füßen ist an Fäulnis.«

Da nahm einer der Gesetzeslehrer das Wort: »Meister, damit machst du auch uns verächtlich!«
Und Jesus fuhr fort:

»Ja! Wehe auch euch, ihr Gesetzeskundigen!
Ihr bürdet den Menschen Lasten auf,
immer mehr, immer mehr!
Ihr selbst aber rührt keinen Finger,
sie mit ihnen gemeinsam zu tragen!

Wehe euch, die ihr Denkmäler baut
für die Propheten, die eure Väter mordeten.
So beweist ihr selbst, dass ihr Söhne seid
von Prophetenmördern.
Jene haben gemordet, ihr baut Monumente!

Deshalb sagt die Weisheit Gottes:
›Ich sende Propheten und Apostel zu ihnen.
Die einen werden sie totschlagen,
die anderen verfolgen.‹
Am Ende wird das Blut aller Propheten,
vergossen seit dem Anfang der Geschichte,
vom Blut des Abel bis zum Blut des Secharja,
vergossen zwischen Tempel und Altar,
zusammengerechnet. Was ich sage, steht fest:
An dieser Generation wird es sich rächen.

Wehe euch, ihr Gesetzeskundigen!
Ihr versteckt den Schlüssel zur Erkenntnis.
Ihr selbst findet die Tür nicht
und versperrt denen,
die sie suchen, den Zugang.«

Als Jesus das Haus verließ, fingen die Schriftgelehrten und die Pharisäer an, ihm erbittert zuzusetzen und ihn über viele Dinge auszufragen, und standen dabei auf der Lauer, um irgendein Wort aus seinem Munde zu erhaschen.
11,37-54

Weisungen an die Jünger

Inzwischen drängten sich die Tausende so dicht um ihn, dass sie einander traten. Da wandte er sich, gesondert, seinen Jüngern zu:

»Nehmt euch in Acht vor der Heuchelei,
der falschen Frömmigkeit der Pharisäer!
Nichts aber geschieht so heimlich
und so falsch,
dass es nicht ans Licht käme.
Nichts ist so verborgen,
dass man es nicht erführe.
So wird man, was ihr im Dunkeln sprecht,
im Licht hören.
Was ihr ins Ohr sagt in den Kammern,
wird man auf den Dächern ausrufen.

Ich sage euch, meinen Freunden:
Fürchtet euch nicht vor denen,
die den Leib töten
und danach am Ende sind mit ihrer Kunst.
Ich will euch sagen, wen zu fürchten lohnt:
den, der euch töten kann
und euch danach in die Hölle stoßen.
Ja, den fürchtet!

Kauft man nicht fünf Sperlinge um
zwei Pfennige?
Dennoch ist keiner vergessen von Gott.
Gezählt sind alle Haare auf eurem Haupt.
Lasst das Fürchten!
Ihr seid kostbarer als viele Sperlinge!

Ich sage euch: Wer sich den Menschen gegenüber zu mir bekennt, zu dem werde auch ich mich bekennen vor den Engeln Gottes. Wer mich aber den Menschen gegenüber verleugnet, der wird selbst vor den Engeln Gottes verleugnet werden. Wer gegen mich Stellung nimmt, dem kann vergeben werden. Wer aber Gottes Geist als Werkzeug des Bösen bezeichnet, für den ist Vergebung nicht möglich. Wenn sie euch nun in ihren Synagogen vor Gericht stellen, wenn sie euch bei Regierungen und Behörden vorführen, dann macht euch keine angstvollen Gedanken, wie ihr euch verteidigen oder was ihr sagen sollt. Der heilige Geist selbst wird euch in jener Stunde eingeben, was da zu sagen ist.«
12,1-12

Über den Reichtum

Da forderte ihn einer aus der Menge auf: »Meister, sage meinem Bruder, er solle das Erbe mit mir teilen!« »Mensch«, fuhr ihn Jesus an, »wer hat mich zum Richter oder Notar über euch gesetzt?« Und zu allen gewandt fuhr er fort:

»Nehmt euch in Acht
und hütet euch vor aller Habsucht.
Denn der Besitz gibt kein Leben,
auch dem nicht, der an allem Überfluss hat.«
Dann erzählte er ihnen eine Geschichte:
»Ein reicher Mann hatte eben
eine gute Ernte eingebracht.
Nun überlegte er: ›Was soll ich tun?
Ich habe nicht genug Lagerraum
für meine Frucht.
Ich weiß, was ich tue:
Ich reiße meine Scheunen ab
und baue größere,
und in ihnen sammle ich
meinen ganzen Weizen
und alle meine Vorräte.
Dann sage ich zu mir selbst:

Nun hast du einen Vorrat für viele Jahre.
Lass dir's wohl sein,
iss, trink und sei fröhlich.‹
Aber Gott sprach zu ihm:
›Du Tor, in dieser Nacht
wird man dein Leben von dir nehmen.
Wem wird dann dein Vorrat gehören?‹
So endet, wer Schätze aufhäuft
und in Wirklichkeit arm bleibt,
weil er den Reichtum nicht sucht,
den Gott geben will dem, der teilt.«
12,13-21

Und wieder an seine Jünger gewandt:
»Beunruhigt euch nicht in eurem Herzen,
was ihr essen
oder was ihr eurem Leibe anziehen sollt.
Das Leben, das ihr von Gott empfangen habt,
ist mehr als die Nahrung,
die ihr dazu braucht.
Der Leib,
den zu schaffen Gott reich genug war,
ist mehr wert als die Kleidung.
Seht euch die Raben an:
Sie säen nicht, sie ernten nicht,
sie haben weder Vorratskammer noch Scheune.
Gott selbst ist es, der sie ernährt.
Wie viel kostbarer aber seid ihr
als die Vögel!
Was sollen denn die Sorgen nützen?
Wer erreicht mit allen Sorgen,
dass er um eine Elle länger lebt?
Wenn ihr aber zu so kleinen Veränderungen
nicht fähig seid,
was sorgt ihr euch um die Kraft Gottes,
die euer ganzes Leben und Wesen erhält?

Seht euch die Lilien an!
Sie spinnen nicht. Sie weben nicht.
Ich sage euch:
Auch ein Salomo in aller seiner Pracht
war nicht gekleidet
wie irgendeine von ihnen!
Wenn aber Gott das Gras auf dem Felde,
das doch heute steht
und morgen im Ofen verbrennt,
so kostbar kleidet,
kann er für euch keine Kleidung finden,
ihr Stümper im Glauben?
So sollt ihr euch nicht ängstlich fragen:
›Was sollen wir essen?‹,
›Was sollen wir trinken?‹,
und sollt euch keine Unruhe machen.
Um all das kreisen die Gedanken derer,
die von Gott nichts wissen.
Euer Vater weiß, dass ihr das alles braucht.
Sorgt euch darum,
dass Gott bei euch geehrt wird
und sein Wille bei euch geschieht.
Alles andere wird er euch geben.
12,22-31

Ein kleines Häuflein seid ihr,
aber fürchtet euch nicht.
Der Vater selbst
will euch sein Reich öffnen.
Macht euren Besitz zu Geld
und wandelt das Geld in Barmherzigkeit.
Macht euch Vorratstruhen,
die nicht moderig werden.
Schafft euch ein Vermögen,
das nicht abnimmt,
weil es im Himmel gesammelt ist,
wo der Dieb nicht herzuschleicht
und die Motte nicht frisst.
Denn wo euer Schatz ist,
da wird auch euer Herz sein.

Seid jederzeit bereit aufzustehen,
lasst die Lampen brennen.
So sollt ihr Menschen gleichen,
die ihren Herrn erwarten.
Der wird vom Hochzeitsmahl aufbrechen,
wird kommen und klopfen,
und sie werden ihm
im selben Augenblick öffnen.

Glücklich seid ihr, die ihr wartet
wie Knechte auf ihren Herrn,
wenn ich komme.
Was ich sage, ist wahr:
Ich werde das Gewand des Dieners
umschürzen, und ihr werdet
an meinem Tisch das Fest feiern,
ich aber werde hinzutreten
und euch aufwarten.
Und wenn es spät wird, spät in der Nacht,
wenn ihr bis in den beginnenden Morgen
wartet und wacht, glücklich seid ihr,
wenn ich euch wachend finde.

Der Meister von Alkmaar:
Aus der Folge »Die sieben Werke der Barmherzigkeit«:
Der Loskauf von Gefangenen.

Versteht! Wenn ein Hausherr wüsste,
um welche Stunde der Dieb einsteigt,
ließe er ihn nicht ins Haus einbrechen.
Ich aber will zu einer Stunde kommen,
in der ihr mich nicht erwartet.«
12,32-40

Da fragte Petrus: »Herr, gilt dieser Vergleich für uns allein, oder meinst du alle damit?« Jesus erwiderte: »Wer von euch ist der zuverlässige, kluge Verwalter, den der Herr über seine Dienerschaft setzt und der verantwortlich ist, dass alle zur rechten Zeit erhalten, was sie zum Leben brauchen? Glücklich der Mitarbeiter, den der Herr bei seiner Rückkehr seine Pflicht tun sieht! Es ist wahr, was ich sage: Über alle seine Güter wird er ihn setzen. Wenn aber einer, der so Verantwortung trägt, sich vorsagt: ›Mein Herr kommt ja doch nicht!‹, und anfängt, die jungen Knechte und Mägde zu schlagen und selbst zu essen, zu trinken und zu saufen, dann kommt sein Herr an einem Tage, an dem er ihn nicht erwartet, und zu einer Stunde, in der er es nicht vermutet. Er wird ihn in Stücke hauen und ihn belohnen, wie man Treulose belohnt. Ein Mitarbeiter, der Gottes Willen kennt, sich aber nicht auf ihn eingestellt und ihn nicht erfüllt hat, wird eine harte Strafe leiden. Wer ihn nicht kennt, tut aber, was Strafe verdient, wird eine leichtere Strafe empfangen. Wem viel gegeben ist, bei dem wird man viel suchen, und wem viel anvertraut ist, von dem wird man viel fordern.
12,41-48

Ich bin gekommen, ein Feuer auf die Erde zu werfen, und nichts wünschte ich sehnlicher, als dass es brennte! Aber zuvor muss ich mich taufen lassen mit dem Wasser des Todes, und wie ist mir so bange, bis es vollbracht ist!

Meint ihr, ich sei gekommen, um auf der Erde alles beim Alten zu lassen? O nein! Ich kam, damit Teilungen geschehen. Von nun an werden fünf Menschen in einem einzigen Hause im Streit liegen: drei gegen zwei und zwei gegen drei, der Vater gegen den Sohn und der Sohn gegen den Vater, die Mutter gegen die Tochter und die Tochter gegen die Mutter, die Schwiegermutter gegen die Schwiegertochter und die Schwiegertochter gegen die Schwiegermutter.«
12,49-53

Was bringt die Zukunft?

Dann wandte Jesus sich wieder dem Volk zu:
»Wenn ihr eine Wolke
von Westen her aufsteigen seht,
dann sagt ihr: ›Es kommt ein Regen‹,
und wirklich, er kommt!
Wenn ihr den Südwind fühlt,
dann wisst ihr, dass es heiß wird,
und wirklich, es wird heiß!
Wie seltsam seid ihr zerspalten!
Die Zeichen an Erde und Himmel
wisst ihr zu deuten.
Wie kommt es, dass ihr so blind seid
für die Zeichen dieser Stunde?

Und warum seid ihr so kurzsichtig?
Warum bringt ihr nicht schnell
noch in Ordnung,
was ihr in Gerechtigkeit ordnen könnt?
Wenn du mit einem Prozessgegner
unterwegs bist zur Verhandlung,
dann bemühe dich,
noch auf dem Wege
mit ihm zurechtzukommen.
Er schleppt dich sonst vor den Richter,
der Richter übergibt dich dem Schließer,
der wirft dich ins Gefängnis,
und von dort wirst du nicht herauskommen,
ehe du den letzten Pfennig bezahlt hast.«
12,54-59

In jenen Tagen berichtete man Jesus, Pilatus habe eine Gruppe von galiläischen Pilgern im Tempel beim Opfergottesdienst niedermachen lassen.

»Meint ihr«, antwortete Jesus, »dass in diesen Leuten mehr Bosheit gewesen sei als in irgendwelchen anderen Galiläern, weil ihnen das zugestoßen ist? Nein, vielmehr werdet ihr alle so oder ähnlich zugrunde gehen, wenn ihr euch nicht ändert. Oder meint ihr, die achtzehn, auf die der Turm im Stadtteil Schiloach fiel und sie erschlug, hätten mehr Schuld gehabt als die übrigen Bürger von Jerusalem? Nein, wenn ihr euch nicht ändert, werdet ihr alle so zugrunde gehen.« Und Jesus erzählte eine Geschichte:

»Ein Mann besaß einen Feigenbaum
in seinem Weinberg.
Eines Tages kam er,
suchte Frucht an ihm und fand keine.

Da redete er mit dem Weingärtner:
›Du weißt, seit drei Jahren komme ich,
suche Frucht an diesem Baum
und finde keine.
Haue ihn ab. Wozu saugt er das Land aus?‹
Der Weingärtner aber bat ihn:
›Herr, lass ihn noch dieses Jahr.
Ich will noch einmal um ihn her aufgraben
und ihn düngen.
Vielleicht bringt er künftig Frucht.
Wenn nicht, dann haue ihn heraus.‹«
13,1-9

Einmal war er wieder am Sabbat im Gottesdienst und legte die Schrift aus. Da sah er eine Frau, die seit achtzehn Jahren verkrümmt war, so dass sie sich nicht aufrichten konnte. Er rief sie zu sich und sprach sie an: »Sei frei von deiner Krankheit, Frau!« Er legte die Hände auf sie, und sie richtete sich auf und war voller Freude und Dank gegen Gott. Da ärgerte sich der Synagogenvorsteher, dass Jesus am Sabbat heilte, und fuhr die Leute an: »Zum Arbeiten sind sechs Tage da. An denen kommt und lasst euch heilen, aber nicht am Sabbat.« Jesus nahm die Herausforderung an: »Ihr Heuchler! Bindet nicht jeder von euch am Sabbat sein Rind und seinen Esel vom Futtertrog und führt ihn zur Tränke? Hier aber ist eine Tochter Abrahams, vom Geist ihrer Krankheit gebunden durch achtzehn Jahre. Muss man sie nicht losbinden, gerade am Sabbat?« Als er das sagte, schämten sich seine Gegner, und die Leute freuten sich über das Wunderbare, das er getan hatte.
13,10-17

Und er fuhr fort:

»In welchen Bildern kann man zeigen,
was geschieht, wenn Gott wirkt?
Es geschieht in der Art,
wie ein Senfkorn wächst:
Ein Mann nimmt es
und wirft es in seinen Garten.
Dort wächst es und wird ein Baum,
und die Vögel bauen Nester in seinen
Zweigen.

Und noch einmal:
Wenn Gott wirkt,
geht es zu wie bei einem Bällchen Sauerteig,
das eine Hausfrau vermischt und verknetet
mit einem großen Ballen Teig,
so dass man nichts mehr davon sieht,
bis der Teig durch und durch gesäuert ist.«
13,18-21

Klage über Jerusalem

Und er wanderte durch Städte und Dörfer und redete zu den Menschen auf seiner Reise nach Jerusalem. Einmal fragte ihn einer: »Herr, sind es wenige, die gerettet werden?« Er antwortete: »Viele oder wenige! Kämpft ihr selbst darum, durch die enge Tür zu kommen. Denn viele, das sage ich euch, werden am Ende eintreten wollen, und es wird ihnen nicht gelingen. Der Hausherr wird aufstehen und die Tür schließen. Ihr aber werdet draußen stehen und gegen die Tür hämmern: ›Herr, mach auf!‹ Und er wird antworten: ›Ich weiß nicht, wo ihr herkommt!‹ Dann werdet ihr rufen: ›Wir haben doch mit dir gegessen und getrunken, wir haben dir zugehört, als du uns auf den Straßen lehrtest!‹ Und er wird sagen: ›Ich weiß nicht, woher ihr kommt. Weg, ihr Übeltäter!‹ Da wird Jammer herrschen und Verbitterung. Da werdet ihr sehen, wie Abraham, Isaak und Jakob und alle die Gottesmänner der alten Zeit im Hause Gottes sind, ihr aber ausgeschlossen. Die anderen, die ihr Gottlose nennt, werden kommen von Osten und Westen, von Norden und Süden, und werden das Fest feiern im Reich Gottes. Merkt euch: Letzte werden Erste sein und Erste die Letzten.«
13,22-30

Zu jener Stunde kamen Pharisäer zu ihm und warnten ihn: »Geh! Sieh zu, dass du dich entfernst! Herodes fahndet nach dir und will dich töten!« Er antwortete: »Geht hin zu diesem Raubtier und sagt ihm:

Noch heile ich Menschen von ihren Leiden
an Seele und Leib. Heute und morgen.
Am dritten Tag werde ich vollendet werden.
Aber heute und morgen und am dritten Tag
muss ich meinen Weg gehen.
Denn es geht nicht an, dass ein Prophet
anderswo umkommt als in Jerusalem.

Jerusalem! Ihr Leute von Jerusalem!
Ihr tötet die Propheten

und steinigt die Boten Gottes!
Wie oft wollte ich euch sammeln,
wie ein Vogel seine Jungen
unter seinen Flügeln birgt,
und ihr habt nicht gewollt.
Leer wird euer Haus stehen!
Ich sage euch:
Ihr werdet mich erst in der Stunde
wieder sehen, in der ihr mir zuruft:
›Wir preisen dich, den Gott sendet!‹«
13,31-35

Das Gastmahl und sein Sinn

Einmal war er am Sabbat in das Haus eines führenden Pharisäers eingeladen, und die Tischgesellschaft lauerte darauf, was er tun oder sagen würde. Dort traf er einen Mann an, der unter Wassersucht litt. Er wandte sich an die Gesetzeskundigen und die Pharisäer und fragte sie: »Ist es erlaubt, am Sabbat einen Kranken zu heilen? Ist es verboten?« Sie schwiegen. Da holte er ihn zu sich, heilte ihn und ließ ihn nach Hause gehen. An die Anwesenden richtete er die Frage: »Wer von euch, dem sein Sohn oder ein Ochse in den Brunnen fällt, geht nicht augenblicklich hin und zieht ihn heraus, auch am Sabbat?« Aber sie hatten keine Antwort.
14,1-6

Bei jenem Essen fiel Jesus auf, dass die Gäste sich bemühten, möglichst weit oben am Tisch zu sitzen. Da sagte er ihnen: »Wirst du von jemandem zur Hochzeit eingeladen, dann setze dich nicht ans obere Ende, sonst kommt vielleicht ein besonders vornehmer Gast, und der Hausherr nimmt dir deinen Platz und sagt: ›Lass den hier sitzen!‹ Dann suchst du dir ganz unten einen Platz und bist herabgesetzt vor der ganzen Gesellschaft. Bist du eingeladen, dann setze dich auf den letzten Platz. Dann wird der Gastgeber zu dir kommen und sagen: ›Freund, dein Platz ist weiter oben!‹ Das wird dich vor der ganzen Gesellschaft ehren. Denn wer mehr aus sich macht, als er ist, dem wird man nehmen, was er sich anmaßt. Wer aber weniger sein will, als er ist, dem wird man mit Ehrerbietung begegnen.«

Dem Hausherrn gegenüber fügte er hinzu: »Gibst du ein Mittag- oder Abendessen, dann lade nicht deine Freunde ein und nicht deine Brüder, nicht deine Verwandten und nicht die reichen Nachbarn. Sonst laden sie dich wieder ein, und so wirst du für deine Einladung bezahlt. Wenn du ein Festessen gibst, dann lade die Armen, Krüppel, Lahmen und Blinden ein. So bist du glücklich zu preisen, denn sie können es dir nicht vergelten. Du wirst deinen Lohn aber empfangen, wenn Gott die Gerechten in das ewige Leben ruft.«

Einer von den Gästen, die das hörten, antwortete ihm: »Wohl dem, der Gottes Hausgenosse ist und bei ihm zu Tisch geladen in seiner kommenden Welt!« Auf diesen Zuruf ging Jesus mit einer Geschichte ein:
14,7-16

»Es war ein Mann,
der bereitete ein großes Festmahl vor
und lud eine Menge Gäste dazu ein.
Als es Zeit war für das Fest,
schickte er seinen Boten
zu den Eingeladenen:
›Es ist alles fertig! Kommt!‹
Aber jeder hatte eine andere Ausrede
zur Hand. Der Erste ließ sagen:
›Ich habe einen Acker gekauft.
Es geht nicht anders!
Ich muss hinaus, ihn besehen!
Ich bitte dich, entschuldige mich.‹
Der Zweite ließ sagen:
›Ich habe zehn Ochsen gekauft.
Es geht nicht anders!
Ich muss hin und sie abholen.
Ich bitte dich, entschuldige mich.‹
Der Dritte ließ sagen:
›Ich habe eben geheiratet.
Ich bitte dich, zu verstehen,
dass ich nicht kommen kann.‹
Da kehrte der Bote um
und berichtete das alles seinem Herrn.
Der wurde zornig und befahl: ›Schnell!
Geh gleich hinaus auf die Plätze
und Gassen der Stadt,
hol alle Armen, Behinderten,
Blinden und Lahmen zusammen
und führe sie herein.‹

Luis Borrassa: Der sinkende Petrus.

Pieter Brueghel d.Ä.: Der gute Hirte

Als das geschehen war, meldete der Bote:
›Sie sind alle da, wie du befohlen hast,
es ist aber noch Platz.‹
Da befahl der Hausherr:
›So geh auf die Landstraßen
und an die Zäune
und mache es dringlich!
Hole sie alle herein,
dass mein Haus voll wird.‹
Ich sage euch:
Von den Leuten,
die zuerst eingeladen waren,
wird keiner mein Festmahl genießen.«
14,17-24

Klarheit schaffen

Als er danach weiterzog, drängten ihm viele nach, und er wandte sich um und sprach zu ihnen:

»Wer sich mir anschließen will
und nicht einen klaren Abstand schafft
zu seinem Vater, zu seiner Mutter,
zu seiner Frau und seinen Kindern,
zu seinen Brüdern und Schwestern
und vor allem zu sich selbst,
kann mein Jünger nicht sein.
Wer nicht das Kreuz auf die Schulter nimmt
und es hinter mir her
auf die Richtstätte trägt,
der kann mein Jünger nicht sein.

Wer einen Turm bauen will, setzt sich vorher,
rechnet die Kosten und prüft,
ob er das Geld hat, ihn zu vollenden.
Sonst legt er das Fundament
und kann den Turm nicht zu Ende bauen,
so dass die Zuschauer anfangen zu spotten:
›Der hat angefangen zu bauen
und kann es nicht hinausführen!‹

Oder welcher König plant einen Krieg
gegen einen anderen König
und setzt sich nicht zuvor und überlegt,
ob er mit zehntausend Mann
dem begegnen kann,
der ihm mit zwanzigtausend entgegenkommt?
Sonst muss er, noch ehe er ihm begegnet,
ihm eine Botschaft senden
und ihn um Frieden bitten.
Bedenkt: Niemand kann mein Jünger sein,
der sich nicht lossagt von allem,
was ihn bindet.

Das Salz ist gut.
Wenn aber das Salz seine Schärfe verliert,
womit will man es salzig machen?
Es taugt nicht einmal als Dünger aufs Feld.
Es nützt nicht einmal mehr auf dem Mist.
Man kann es nur wegwerfen.
Wer Ohren hat, höre!«
14,25-35

Gott liebt die schwarzen Schafe

Indessen kamen die Verrufenen des Orts zusammen, um ihn zu hören. Und die Pharisäer und die Schriftgelehrten runzelten die Stirn: »Der macht sich mit dem Gesindel gemein und hält mit ihnen Tischgemeinschaft.« Da wandte sich Jesus mit einem Gleichnis an sie:

»Denkt euch einen Hirten
und versetzt euch in seine Lage:
Der hat hundert Schafe.
Eins davon läuft ihm weg.
Lässt er nicht die neunundneunzig
in der Steppe,
geht los und such das verlorene,
bis er es findet?
Und wenn er es gefunden hat,
nimmt er es mit Freuden auf die Schulter,
geht nach Hause
und ruft seine Freunde zusammen
und seine Nachbarn:
›Freut euch mit mir! Ich habe
mein verlorenes Schaf wieder gefunden.‹
Ich sage euch:
So freut man sich im Himmel
über jeden einzelnen Gottlosen,
der zu Gott umkehrt, mehr
als über neunundneunzig Gerechte,
die keiner Umkehr bedürfen.

Oder eine Hausfrau:
Die hat zehn Silbergroschen
und verliert einen.
Nimmt sie nicht eine Lampe,
fegt im ganzen Haus und sucht den,
der ihr verloren ging?
Und wenn sie ihn gefunden hat,
ruft sie ihren Freundinnen
und Nachbarinnen zu:
›Freut euch mit mir! Ich habe
den verlorenen Silbergroschen wieder!‹
So, das sage ich euch,
freuen sich die Engel Gottes
über jeden einzelnen Gottlosen,
der zu Gott umkehrt.«
15,1-10

Und weiter erzählte Jesus:
»Ein Mann hatte zwei Söhne.
Eines Tages bat ihn der Jüngere:
›Vater, gib mir das Teil deiner Güter,
das mir zusteht.‹
Der teilte das Gut.
Der Jüngere aber machte
wenige Tage danach
seinen Anteil zu Geld,
packte alles zusammen
und zog in ein fernes Land.
Dort lebte er in Saus und Braus,
bis sein Besitz aufgezehrt war.

Als er alles verbraucht hatte,
kam eine schwere Hungersnot
über jenes Land, und er geriet in Not.
Da ging er zu einem Bürger des Landes
und wurde sein Knecht.
Der schickte ihn zum Schweinehüten
auf seine Felder.
Und er hätte gerne seinen Bauch gefüllt
mit den Schoten, die die Schweine fraßen,
aber niemand gab sie ihm.

Rembrandt: Die Heimkehr des verlorenen Sohnes.

Da ging er in sich und überlegte:
Mein Vater hat so viele Tagelöhner,
die mehr Brot haben,
als sie brauchen,
und ich gehe im Hunger zugrunde.
Ich will mich auf den Weg machen,
zu meinem Vater gehen und zu ihm sagen:
›Vater, ich habe Unrecht getan gegen Gott
und gegen dich.
Ich bin nicht mehr dein Sohn.
Mach mich zu einem deiner Tagelöhner.‹
Und er brach auf und wanderte nach Hause
zu seinem Vater.
15,11-20

Als er noch fern war vom Haus,
sah ihn sein Vater kommen.
Es tat ihm weh, ihn so zu sehen,
und er tat ihm leid.
Er eilte ihm entgegen,
fiel ihm um den Hals und küsste ihn.
Der Sohn fing an:
›Vater, ich habe Unrecht getan gegen Gott
und gegen dich.
Ich bin nicht mehr dein Sohn.‹
Der Vater rief seine Knechte:
›Schnell, bringt das beste Kleid
und zieht es ihm an!
Und holt einen Ring an seinen Finger
und Schuhe für seine Füße!
Bringt das gemästete Kalb her
und schlachtet es,
und dann lasst uns essen und fröhlich sein.
Denn der hier, mein Sohn, war tot
und ist wieder lebendig.
Wir hatten ihn verloren
und haben ihn wieder gefunden.‹
Und sie fingen an, ein Fest zu feiern.

Der ältere Sohn war eben auf dem Feld.
Als er kam und auf das Haus zuging,
hörte er Musik und Reigentanz.
Da rief er einen der Knechte und fragte,
was das zu bedeuten habe.
Der antwortete:
›Dein Bruder ist gekommen.
Da hat dein Vater das Kalb geschlachtet,
das gemästete,
weil er ihn gesund wiederhat.‹
Da wurde er zornig
und wollte nicht hineingehen.
Der Vater aber kam heraus und bat ihn:
›Komm herein!‹ Er aber antwortete:
›Das musst du verstehen.
Ich arbeite für dich so viele Jahre
und habe noch nie
eine Anordnung missachtet.
Du hast mir aber noch nie
auch nur einen Bock gegeben,
dass ich mit meinen Freunden
hätte feiern können.
Jetzt aber, da er – dein Sohn! – kommt,
der sein Vermögen
mit den Huren verludert hat,
schlachtest du für ihn das gemästete Kalb.‹
›Kind‹, antwortete der Vater,
›du bist immer bei mir,
und alles, was mir gehört,
gehört auch dir.
Es ist aber nötig,
dass wir ein Fest feiern und uns freuen.
Denn er – dein Bruder! – war tot
und ist wieder lebendig geworden.
Wir hatten ihn verloren
und haben ihn wieder gefunden.‹«
15,21-32

Reden über die Zukunft

Klugheit ist nötig

Einmal erzählte er den Jüngern
folgende Geschichte:
»Ein Großgrundbesitzer
hatte einen Verwalter.
Über den wurde ihm berichtet,
er veruntreue ihm sein Vermögen.
Er ließ ihn kommen:
›Ich höre böse Dinge über dich!
Lege deine Kasse und deine Bücher
zur Prüfung vor, denn du kannst
deinen Posten nicht behalten.‹
Da überlegte der Verwalter hin und her:
›Was tun? Meine Stellung habe ich verloren.
Graben kann ich nicht.
Betteln mag ich nicht.
Ich weiß es!
Ich habe noch eine Möglichkeit:
Ich muss erreichen, dass ich,
wenn ich entlassen bin, Freunde habe,
die für mich sorgen!‹

Und er rief alle Pächter einzeln zu sich.
Als der erste kam, fragte er ihn:
›Wie hoch ist die Pacht,
die du bezahlen musst?‹
Der sagte: ›Hundert Fass Öl.‹
Da antwortete der Verwalter:
›Hier! Nimm deinen Pachtvertrag!
Wir schließen einen neuen
über fünfzig Fass!‹
Danach kam der zweite.
›Wie hoch ist deine Pacht?‹, fragte er ihn.
›Hundert Sack Weizen‹, war die Antwort.
›Gut‹, fuhr er fort, ›nimm deinen Vertrag!
Wir schließen einen neuen ab
über achtzig.‹«

Und Jesus lobte den ungerechten Verwalter, weil er klug gehandelt hatte: »Die Söhne dieser Welt«, sagte er, »sind klüger als die Söhne des Lichts denen gegenüber, zu denen sie gehören. Und ich rate euch: Wenn euch schon Geld anvertraut ist, an dem das Unrecht klebt, dann macht euch wenigstens Freunde damit! Es wird eines Tages wertlos sein. Sorgt dafür, dass sie euch aufnehmen in die ewigen Hütten!«

Und weiter:
»Wer mit kleinen Dingen sachgemäß umgeht,
tut es auch im Großen.
Und wer mit dem Kleinen
nicht umgehen kann,
kann es auch mit dem nicht, was groß ist.
Wenn ihr also nicht wisst,
was ihr mit dem trügerischen Geld
tun sollt, wird man euch das wahre Gut
nicht anvertrauen.
Und wenn ihr mit dem,
was euch nicht gehört,
sondern nur für kurze Zeit
in eurer Hand liegt, nicht sinnvoll umgeht,
wer will euch das anvertrauen,
was euch als euer Eigentum zugedacht ist?

Niemand kann für zwei Herren arbeiten.
Er wird den einen vernachlässigen
und sich dem anderen zuwenden,
oder wird den einen vorziehen
und den anderen missachten.
Ihr könnt nicht Gott dienen
und dem Geist des Geldes zugleich.«
16,1-13

Das alles hörten auch die Pharisäer, die das Geld sehr schätzten, und sie meinten über Jesus: »Er ist ein Schwärmer!«, und verspotteten ihn. Da sprach er zu ihnen: »Ihr spielt vor den Menschen den braven Mann, aber Gott kennt eure Herzen! Denn was die Menschen mit Bewunderung anschauen, das nennt Gott einen Götzen! Bis zu Johannes galten das Gesetz und die Propheten ihre begrenzte Zeit. Seit ich die Tür zum Reich Gottes geöffnet habe zur Freude der Armen, drängt jeder mit Gewalt hinein. Bedenkt: Eher vergehen Himmel und Erde, als dass auch nur der kleinste Buchstabe vom Gesetz ungültig wird.

Wer zum Beispiel seine Frau von sich stößt und eine andere heiratet, bricht die Ehe, und wer die geschiedene Frau nimmt, bricht die Ehe auch.
16,14-18

Die Zukunft entscheidet sich heute

Es war ein reicher Mann, der kleidete sich in Purpur und kostbare Leinwand und lebte Tag für Tag in Freuden und in Ehren. Vor dem Portal seines Hauses lag ein Bettler namens Lazarus, der gelähmt und mit Geschwüren bedeckt war. Er hätte sich gerne von den Abfällen gesättigt, die man im Haus des Reichen unter den Tisch warf. Hunde leckten an seinen Geschwüren, und er konnte sich ihrer nicht erwehren. Da starb der Arme, und die Engel trugen ihn in Abrahams Schoß. Der Reiche starb auch und wurde bestattet. Als er in der Hölle war und in der Qual, blickte er auf und sah Abraham aus großer Ferne und Lazarus in seinem Schoß und rief hinüber: ›Vater Abraham! Sei barmherzig mit mir und schicke Lazarus, er soll seine Fingerspitze in Wasser tauchen und meine Zunge netzen, denn ich halte die Schmerzen nicht aus in diesem Feuer!‹ ›Mein Sohn‹, rief Abraham zurück, ›erinnere dich! Du hast in deinem Leben Glück genossen, während Lazarus im Elend lag. Nun empfängt er den Trost und du die Schmerzen. Zudem aber klafft zwischen euch und uns ein ungeheuer großer und breiter Abgrund, und niemand, selbst wenn er wollte, gelangte von uns zu euch hinüber

Der reiche Mann und der arme Lazarus.

oder von euch zu uns!‹ ›Dann bitte ich dich, Vater‹, fuhr der Reiche fort, ›sende ihn in das Haus meines Vaters. Ich habe fünf Brüder! Er muss ihnen das alles schildern, damit sie nicht auch hierher kommen an den Ort der Schmerzen.‹ ›Sie haben Mose und die Propheten‹, entgegnete Abraham, ›auf die sollen sie hören.‹ ›Nein, Vater Abraham, das tun sie nicht. Aber wenn ihnen jemand von den Toten erscheint, dann bessern sie sich.‹ ›Wenn sie Mose und die Propheten nicht hören‹, antwortete Abraham, ›glauben sie auch nicht, wenn jemand von den Toten zu ihnen kommt.‹«
16,19-31

Und er sprach zu seinen Jüngern:
»Es kann nicht ausbleiben,
dass Dinge geschehen,
durch die der eine den Glauben des anderen
zu Fall bringt.
Aber wehe dem, der den Anlass gibt.
Es wäre besser für ihn,
wenn man ihm einen Mühlstein
um seinen Hals hängte und ihn ins Meer würfe,
als dass er ein Hindernis
oder eine Gefahr würde für den Glauben
eines dieser Geringsten.

Achtet auf euch selbst!
Wenn dein Bruder sich schuldig macht,
dann stelle ihn zur Rede,
und wenn er sich ändert, dann vergib ihm.
Und wenn er siebenmal am Tag
an dir schuldig würde
und siebenmal zu dir käme und sagte:
›Es ist mir leid!‹,
sollst du ohne Vorwurf
immer wieder neu mit ihm anfangen.«

Einmal baten ihn die Apostel:
»Gib uns doch mehr Glauben!«
Aber Jesus erwiderte:
»Wenn ihr Glauben habt
auch nur so klein wie ein Senfkorn,
reicht er aus,
und ihr könnt
zu diesem Maulbeerbaum sagen:
›Hebe dich mit allen Wurzeln aus der Erde
und pflanze dich ins Meer!‹
Er wird euch gehorchen.
17,1-6

Denkt an euren eigenen Knecht:
Der pflügt den Acker und weidet das Vieh.
Wenn er aber vom Feld zurückkommt,
sagt ihr ihm nicht: ›Setz dich zu Tisch,
ich will dich bedienen!‹
Vielmehr sagt ihr zu ihm:
›Decke mir den Tisch! Zieh die Schürze über
und bring mir zu essen und zu trinken.
Danach iss und trink auch du selbst.‹
Ihr ehrt ihn doch nicht
aus lauter Dankbarkeit dafür,
dass er seine Pflicht tat.
Das gilt auch für euch selbst:
Wenn ihr alles getan habt,
was euch befohlen war, dann sprecht:
›Wir sind unbrauchbare Knechte.
Wir haben nur getan,
was wir zu tun schuldig waren.‹«
17,7-10

Auf seiner Wanderung nach Jerusalem reiste Jesus mitten durch Samaria und Galiläa. Als er in ein Dorf kam, begegneten ihm zehn aussatzkranke Männer, die in einiger Entfernung stehen blieben und ihm zuriefen: »Jesus! Meister! Hab Erbarmen mit uns!« Er sah sie stehen und rief ihnen zu: »Geht und zeigt euch den Priestern!« Während sie noch auf dem Wege waren, wurden sie gesund. Einer unter ihnen jedoch, der sah, dass er gesund war, kehrte um und pries Gott mit lauter Stimme. Er warf sich vor Jesus nieder und dankte ihm. Und das war ausgerechnet ein Samaritaner (also nach jüdischer Auffassung ein Ungläubiger). »Sind nicht zehn gesund geworden?«, fragte Jesus. »Wo sind die neun anderen? Hatten sie es nicht nötig umzukehren, Gott zu ehren und ihm zu danken wie dieser Fremde?« Zu dem Samaritaner gewandt, fügte er hinzu: »Steh auf und geh! Dein Glaube hat dich gerettet.«
17,11-19

Wann kommt das Reich Gottes?

Als die Pharisäer fragten: »Wann kommt das Reich Gottes?«, antwortete ihnen Jesus: »Das Reich Gottes kommt nicht so, dass man sein Kommen beobachten kann. Man wird auch nicht sagen können: ›Schau her! Hier ist es!‹ Oder: ›Dort!‹ Denn das Reich Gottes ist innen in euch selbst.«

Passafeier der Samaritaner auf dem Garizim bei Nablus.
Zu Lukas 17,11.

Zu seinen Jüngern gewandt, fuhr er fort: »Es kommt eine Zeit, da werdet ihr das Verlangen haben, mich auch nur einen Tag lang zu sehen, und werdet mich nicht sehen. Dann werden die Gerüchte umgehen: ›Wir wissen's! Er ist dort!‹ Oder: ›Er ist hier!‹ Es hat keinen Sinn, dass ihr dem Geschwätz nachlauft. Denn wenn ich wiederkomme, wird man nicht auf das Gerede angewiesen sein. Man wird mich sehen, den Menschensohn, wenn ich komme, wie man einen Blitz sieht, der am Himmel aufleuchtet und über die ganze Erde hin zuckt. Aber ehe das geschehen kann, werde ich leiden müssen und verstoßen werden von den Menschen dieser meiner Zeit. Es wird gehen, wie es zu Noachs Zeiten gewesen ist: Sie aßen, sie tranken, sie heirateten, sie ließen sich heiraten – so lange, bis Noach in das Schiff ging und die Flut kam und sie alle umbrachte. Es wird wieder so gehen wie zu Zeiten Lots: Sie aßen, sie tranken, sie kauften, sie verkauften, sie pflanzten und bauten, bis zu dem Tag, an dem Lot Sodom verließ: Da regnete es Feuer und Schwefel vom Himmel, und sie kamen alle um. Nicht anders wird es gehen, wenn ich wiederkomme. Wer dann auf dem Dach ist und seinen Hausrat im Haus hat, mache sich keine Mühe mehr, hinunterzusteigen und ihn zu holen. Und wer auf dem Acker ist, wende sich nicht um nach dem, was er hinter sich abgelegt hat. Haltet euch vor Augen, was mit Lots Frau geschah (als sie sich umwandte). Wer dann nach irgendwelchen Sicherheiten sucht, um sein Leben zu schützen, wird es verlieren, und wer sein Leben hingibt, wird es gewinnen.

In der Nacht werden zwei auf einem Bett liegen. Den einen werde ich zu mir nehmen, der andere wird verloren sein. Zwei Frauen werden miteinander auf einer Handmühle mahlen. Die eine werde ich zu mir nehmen, die andere wird zurückbleiben.«

Da fragten sie ihn: »Wo wird das sein?« Jesus antwortete: »Das müsst ihr selbst sehen. Wo das Aas liegt, sammeln sich die Geier.«

17,20-37

Wie man Zugang findet

Es ist nötig zu beten, und zwar zu jeder Stunde, und darin nicht müde zu werden«, sagte Jesus und erzählte eine Geschichte:

»In einer Stadt lebte ein Richter,
der sich vor Gott nicht scheute
und von den Menschen nichts hielt.
In derselben Stadt lebte auch eine Witwe,
die kam immer wieder zu ihm und bat ihn:
›Verschaffe mir mein Recht
gegen meinen Widersacher!‹
Er aber wollte lange nicht.
Schließlich sagte er sich:
›Ich halte zwar nichts von Gott,
mich interessiert auch das Recht
der Leute nicht,
aber diese Witwe macht mir so viel Ärger
mit ihrem Geschrei, es ist das Beste,
ich verschaffe ihr Recht.
Sie kommt am Ende und wird handgreiflich!‹
Hört gut zu,
was dieser ungerechte Richter sagt!
Meint ihr nicht,
Gott werde denen zu ihrem Recht helfen,
die er erwählt hat
und die zu ihm rufen Tag und Nacht,
auch wenn sich seine Hilfe lange hinzieht?
Ich sage euch:
Er wird ihnen ihr Recht verschaffen,
und zwar plötzlich. Nur: Meint ihr,
ich werde noch jemand auf der Erde finden,
der glaubt, wenn ich als der Menschensohn
wieder komme?«

18,1-8

Einmal erzählte Jesus folgende Geschichte und meinte damit jene Menschen, die von sich überzeugt sind, sie seien recht und in Ordnung und Gott habe Freude an ihnen, und die die Übrigen verachten:

»Zwei Männer gingen in den Tempel hinauf,
um zu beten. Der eine ein Pharisäer,
der andere ein Zöllner.
Der Pharisäer trat vor Gott
und betete im Stillen:
›Ich danke dir, Gott,
dass ich nicht bin wie die anderen Leute,
die Räuber, die Betrüger, die Ehebrecher
oder wie dieser Zöllner.
Ich faste zweimal in der Woche
und gebe den zehnten Teil auch dessen,
was ich selbst einkaufe.‹

Der Meister der goldenen Tafel:
Die Auferweckung des Lazarus.

Der Zöllner stand weiter weg
und getraute sich nicht,
den Blick zum Himmel zu erheben.
Er schlug an seine Brust zum Zeichen,
dass er sich seiner Schuld bewusst war,
und sprach: ›O Gott, sei barmherzig
mit mir schlechtem Menschen!‹

Ich sage euch:
Gott hatte an ihm,
als er den Tempel verließ,
mehr Freude als an dem anderen
und war ihm näher als jenem.
Denn wer sich als fehlerfrei ausgibt,
dem wird man seine Schuld vorhalten,
und wer sich vor Gott in den Staub wirft,
den wird er aufheben.«
18,9-14

Da brachten sie ihm Kinder mit der Bitte, er möge sie berühren und segnen. Als die Jünger das sahen, fuhren sie die an, die sie trugen. Aber Jesus rief sie zu sich: »Lasst die Kinder zu mir kommen und hindert sie nicht, denn das Reich Gottes ist denen bestimmt, die ihnen gleich sind. Was ich sage, ist wahr: Wer das Reich Gottes nicht annimmt wie ein Kind, wird nicht hineinkommen.«

Einmal fragte ihn ein Mann in leitender Stellung: »Guter Meister, was muss ich tun, um ewiges Leben zu gewinnen?« »Was nennst du mich gut?«, fragte Jesus. »Niemand ist ›gut‹ außer Gott allein. Du kennst die Gebote: Die Ehe nicht brechen. Nicht töten. Nicht stehlen. Als Zeuge die Wahrheit sagen. Vater und Mutter in Ehren halten.« »Auf all das habe ich streng geachtet«, erwiderte er, »seit meiner Jugend.« Als Jesus das hörte, fuhr er fort: »Eins fehlt dir. Verkaufe alles, was du hast, und verteile es an die Armen. Damit wirst du einen Schatz besitzen, den Gott für dich bewahrt. Dann komm her und geh meinen Weg mit mir.« Da versank der Mann in tiefe Trauer, denn er war sehr reich.

Jesus sah es und sagte: »Wie schwer haben es doch die Reichen, in Gottes Reich zu gelangen. Leichter kommt ein Kamel durch ein Nadelöhr, als ein Reicher durch die Tür zu Gottes Herrlichkeit.« Da fragten die Zuhörer: »Wer kann denn überhaupt ewiges Leben finden?« »Vom Menschen her gesehen«, antwortete Jesus, »ist es auf alle Fälle unmöglich. Möglich ist es, wenn Gott es will.« Petrus aber wollte es wissen: »Und wir? Wir haben alles verlassen, was wir besaßen, und haben uns dir anvertraut.« »Was ich sage«, erwiderte Jesus, »ist wahr: Wer sein Haus verließ, seine Frau, seine Brüder, seine Eltern oder Kinder, um nur noch für Gottes Reich unter den Menschen zu wirken, der wird ein Vielfaches wieder erhalten, jetzt schon in dieser Welt, und in der kommenden ewiges Leben.«

Danach nahm er die Zwölf beiseite und redete mit ihnen: »Seht, wir gehen nach Jerusalem hinauf, und es wird sich alles erfüllen, was die Propheten über mich geschrieben haben. Dann wird man mich an die Ungläubigen ausliefern, man wird mich verspotten, schmähen und anspeien. Man wird mich geißeln und hinrichten. Am dritten Tage aber werde ich lebendig auferstehen.«

Sie aber begriffen nichts von alledem, der Sinn dieser Rede blieb ihnen verborgen, und sie verstanden nicht, was er meinte.
18,15-34

Schließlich näherte er sich Jericho. Da saß ein Blinder bettelnd am Wege. Als er die vielen durchziehenden Menschen hörte, fragte er, worum es sich handle. Man sagte ihm, Jesus, der Nazarener, komme vorbei. »Jesus!«, schrie er da, »du König Israels! Hilf mir!« Die Vorübergehenden fuhren ihn an, er solle den Mund halten; er rief aber desto lauter: »König Israels, hilf mir!« Da blieb Jesus stehen: »Holt ihn her!«, und fragte ihn, als er näher kam: »Was willst du? Was soll ich tun?« »Meister«, war die Antwort, »ich will sehen.« Jesus erfüllte seine Bitte: »Du sollst sehen! Dein Glaube hat dich gerettet.« Im selben Augenblick begann der Blinde zu sehen, er schloss sich Jesus an, Gott rühmend. Die vielen Menschen aber, die das erlebt hatten, riefen: »Das hat Gott getan!«
18,35-43

Jesus zog nach Jericho ein und durchwanderte die Stadt. Hier lebte ein Mann namens Zachäus. Der war ein leitender Mann im Zollwesen und war reich. Er wollte Jesus sehen, aber es war ihm unmöglich. Er stand im Gedränge und sah nichts, denn er war klein. Da lief er auf dem Weg, den Jesus ging, voraus und stieg auf einen Maulbeerfeigenbaum, um etwas von Jesus zu

sehen. Als Jesus an die Stelle kam, sah er ihn oben sitzen und rief ihm zu: »Zachäus, schnell! Komm herunter! Ich muss heute in deinem Hause Rast machen!« Zachäus beeilte sich herunterzukommen, nahm ihn auf und freute sich. Als die anderen das sahen, murrten sie: »Das geht doch nicht! Er kann doch nicht bei einem so schlechten Menschen einkehren!« Zachäus aber wandte sich an Jesus: »Herr, die Hälfte meines Besitzes will ich den Armen geben. Und wenn ich von jemand etwas durch Erpressung gewonnen habe, dann gebe ich ihm vierfachen Ersatz.« Da antwortete Jesus: »Heute ist ein Freudentag für dieses Haus! Denn auch er ist ein Sohn Abrahams. Ich jedenfalls bin gekommen, die zu suchen und zu retten, die verloren sind.«
19,1-10

Sie waren schon nahe bei Jerusalem, und seine Anhänger meinten, nun müsse das Reich Gottes jeden Augenblick sichtbar in diese Welt einbrechen. Da erzählte er ihnen eine Geschichte:

»Ein Fürst zog in ein fremdes Land.
Er wollte sich dort die Königswürde holen
und dann wiederkehren.
Er rief zehn seiner Beamten,
gab jedem eine Mine Goldes und den Auftrag:
›Seht zu, dass das Geld Gewinn bringt,
bis ich wiederkomme.‹
Als er unterwegs war,
sandten seine Bürger eine Botschaft hinterher,
denn sie hassten ihn:
Den wollen wir nicht als König!
Als er später als König bestätigt war
und wiederkehrte,
rief er die zehn Beamten,
denen er das Geld gegeben hatte,
um zu hören,
wie sie es inzwischen verwaltet hatten.
Da kam der Erste: ›Herr,
deine Mine hat zehn weitere gewonnen.‹
›Gut‹, antwortete jener,
›du hast umsichtig gearbeitet.
Du bist mit einem geringen Wert
sorgsam verfahren,
ich will dir die Verwaltung
von zehn Städten anvertrauen.‹
Der Zweite kam: ›Deine Mine, Herr,
hat fünf weitere erbracht.‹
›Dann sollst du‹, war die Antwort,
›die Verwaltung
von fünf Städten übernehmen.‹
Einer der Übrigen trat mit den Worten vor:
›Herr, da hast du deine Mine wieder,
ich habe sie in einem Tuch verknotet
und aufbewahrt,
denn ich fürchtete mich vor dir,
weil du ein harter Mann bist.
Du forderst, was du nicht eingezahlt,
und erntest, was du nicht gesät hast.‹
Ihm gab er zur Antwort:
›Du sprichst dir selbst dein Urteil,
du unbrauchbarer Mensch!
Wenn du schon gewusst hast,
dass ich ein harter Mann bin und fordere,
was ich nicht eingezahlt, und ernte,
was ich nicht gesät habe,
warum hast du mein Geld
nicht auf eine Bank gegeben,
dann hätte ich es mit Zinsen
wiedererhalten?‹
Und er wandte sich an die Übrigen:
›Nehmt ihm seine Mine und gebt sie dem,
der zehn Minen gebracht hat.‹
Die hielten ihm entgegen:
›Aber der hat doch schon zehn!‹
›Ja‹, war die Antwort, ›wer etwas hat,
dem wird man noch mehr geben,
wer nichts bringt,
dem wird man auch nehmen,
was er hat.
Übrigens: Wo sind meine Feinde,
die nicht wollten,
dass ich über sie herrsche?
Bringt sie her
und haut sie vor meinen Augen in Stücke!‹«
19,11-27

Ankunft in Jerusalem

Nach diesen Worten setzte Jesus seine Reise fort und wanderte nach Jerusalem hinauf. Kurz vor Betfage, am Ölberg, sandte er zwei der Jünger voraus: »Geht in das Dorf, das da vor uns liegt. Wenn ihr hineinkommt, werdet ihr einen jungen Esel angebunden finden, auf dem bisher niemand geritten ist. Bindet ihn los und bringt ihn zu mir. Wenn euch jemand fragt: ›Wie kommt ihr dazu, den Esel loszubinden?‹, dann sagt: ›Der Herr braucht ihn.‹« Die beiden gingen und fanden es so, wie er es angekündigt

Der Wiener Schottenmeister: Einzug Jesu in Jerusalem.

hatte. Als sie das Füllen losbanden, fragten die Besitzer: »Was soll das? Warum bindet ihr den Esel los?«, und sie antworteten: »Der Herr braucht ihn.« Sie führten ihn zu Jesus, warfen ihre Mäntel auf das Füllen und ließen Jesus aufsitzen. Während er nun reitend weiterzog, breiteten sie ihre Mäntel auf der Straße aus. Als er aber an der Stelle ankam, wo die Straße den Ölberg hinunterführt, konnten seine Begleiter nicht mehr an sich halten: Das ganze Volk fing vor Freude an, Gott zu rühmen und zu preisen, mit lauten Gesängen und mit Jubel, für all die großen Dinge, die es erlebt hatte:

»Gepriesen sei der König!
Gepriesen sei, der von Gott kommt!
Gott stiftet Frieden!
Ehre dem Höchsten!«
19,28-38

Einige Pharisäer, die auch in der Menge standen, tadelten ihn: »Meister, verbiete deinen Jüngern, das zu sagen!« Er antwortete: »Ich sage euch, wenn die schweigen, schreien die Steine!« Als er aber die Stadt vor sich sah, weinte er über sie und klagte:

»Könntest du doch heute begreifen,
woher dein Friede kommt!
Aber du bist geschlagen mit Blindheit.
Es wird eine Zeit kommen,
da werden deine Feinde dich
mit Wall und Graben einschließen
und von allen Seiten belagern.
Sie werden dich dem Erdboden gleich machen
mit deinen Kindern und werden keinen Stein
auf dem anderen lassen.
Warum?
Weil du die Stunde nicht begriffen hast,
in der Gott dich besuchen wollte.«

Als er den Tempel betrat, begann er, die Händler hinauszutreiben mit dem Ruf: »In der heiligen Schrift steht: ›Mein Haus ist ein Haus des Gebets!‹ Ihr aber habt es zu einer Räuberhöhle gemacht!« In den Tagen darauf redete er ständig im Tempel. Die Oberpriester und die Schriftgelehrten, die dort amtierten, dazu die Ältesten suchten Mittel und Wege, ihn umzubringen, denn das ganze Volk drängte sich um ihn und stimmte seinen Reden zu.
19,39-48

Reden und Gespräche im Tempel

An einem dieser Tage, als er im Tempel zu den Menschen sprach und ihnen deutlich machte, wie nahe ihnen Gott sei, kamen die Oberpriester, die Schriftgelehrten und die Ältesten zu ihm: »Woher nimmst du dieses Recht? Wer gab dir die Vollmacht, das zu tun?« Jesus gab zurück: »Ich will euch auch eine Frage stellen. Ich rede von Johannes und seiner Taufe. Woher hatte er seinen Auftrag? Von Gott oder von den Menschen?« Sie waren unschlüssig und sagten zueinander: »Wenn wir antworten: ›Von Gott‹, wird er fragen: ›Warum habt ihr ihn dann nicht anerkannt?‹ Wenn wir sagen: ›Von den Menschen‹, wird uns das Volk steinigen, denn die Leute halten Johannes alle für einen Propheten.« So gaben sie die Antwort: »Wir wissen es nicht.« Da brach Jesus ab: »Dann sage ich euch auch nicht, woher ich meine Vollmacht habe.«
20,1-8

Dem Volk aber erzählte Jesus
diese Geschichte:
»Es war ein Mann,
der legte einen Weinberg an
und beauftragte eine Anzahl Weingärtner,
ihn zu bearbeiten.
Dann begab er sich auf eine Reise
über eine lange Zeit.
Als die Erntezeit kam,
sandte er einen Mitarbeiter,
der sich von den Weingärtnern
einen Teil vom Ertrag des Weinbergs
geben lassen sollte.
Die aber nahmen ihn her,
schlugen ihn wund
und ließen ihn leer wieder laufen.
Da sandte er noch einen anderen Beauftragten,
aber auch den prügelten sie, verhöhnten ihn
und schickten ihn mit leeren Händen zurück.
Und er sandte noch einen dritten,
aber auch den trieben sie
mit Verletzungen wieder davon.
Da sagte sich der Besitzer des Weinbergs:
›Es gibt noch eine Möglichkeit!
Ich werde meinen lieben Sohn senden,
vielleicht werden sie sich vor dem scheuen.‹
Als die Weingärtner den sahen,
überlegten sie miteinander:
›Das ist der Erbe!
Den wollen wir umbringen,
dann gehört uns der ganze Besitz!‹
Und sie stießen ihn aus dem Weinberg hinaus
und schlugen ihn tot.

Was meint ihr?
Was wird der Besitzer mit ihnen tun?
Er wird kommen, die Weingärtner umbringen
und den Weinberg anderen anvertrauen.«

Als sie das hörten, waren sie entsetzt: »Davor behüte uns Gott!«, sagten sie. Aber Jesus fasste

sie ins Auge und fragte sie: »Was meint ihr denn, von wem die Schrift spricht, wenn sie sagt: ›Der Stein, den die Bauleute weggeworfen haben, ist zum Eckstein geworden‹? Wer auf diesen Stein fällt, der wird zerschellen. Auf wen er aber stürzt, den wird er zermalmen.« Da suchten die Schriftgelehrten und die Oberpriester nach einer Gelegenheit, ihn noch in dieser Stunde festzunehmen, aber sie fürchteten sich vor dem Volk. Ihnen war klar, dass er mit dieser Geschichte von ihnen gesprochen hatte.
20,9-19

Und sie stellten ihre Fallen. Sie schickten Spitzel, die so taten, als seien sie an religiösen Fragen interessiert, und die ihn bei seinen Äußerungen fassen sollten. Die Absicht war, ihn der römischen Macht und der Rechtsprechung des Gouverneurs zu übergeben. So fragten sie: »Meister, wir wissen, dass du aufrichtig bist in deinen Worten und niemandem nach dem Munde redest, sondern in Wahrhaftigkeit aufzeigst, was Gott von uns fordert. Ist es recht, dass wir dem römischen Kaiser Steuern zahlen oder nicht?« Jesus durchschaute die Unredlichkeit ihrer Absicht: »Zeigt mir einen Denar! Wessen Kopf ist das? Wessen Name?« Sie antworteten: »Des Kaisers.« Da sagte er: »Was dem Kaiser also ohnedies gehört, das gebt dem Kaiser zurück. Was Gott gehört (nämlich ihr selbst!), das gebt Gott!« Dieses Wortes wegen konnten sie ihn dem Volk gegenüber nicht angreifen, und sie wussten vor Staunen über seine Antwort nichts mehr zu sagen.
20,20-26

Es kamen auch einige von den Sadduzäern, die nicht an eine Auferstehung glaubten, und sagten: »Meister, Mose hat geschrieben: Wenn einer stirbt und eine kinderlose Frau hinterlässt, dann soll sein Bruder die Frau heiraten, damit sie Kinder bekommt. Die Kinder sollen dann als Kinder des Verstorbenen gelten. Nun stelle dir vor: Da waren sieben Brüder. Der erste heiratete und starb kinderlos. Der zweite nahm die Frau zu sich und starb auch, ohne Kinder zu hinterlassen. Der dritte und der vierte und schließlich alle sieben nahmen sie. Sie starben alle, ohne dass die Frau ein Kind bekam. Zuletzt starb die Frau auch. Wenn sie nun alle wieder lebendig werden, mit wem wird sie dann verheiratet sein, alle sieben haben sie ja gehabt?« Da antwortete ihnen Jesus: »Die Menschen in dieser Welt heiraten und werden geheiratet. Für die, die Gott würdigt, in seinem ewigen Reich mit ihm zu leben, hat die Ehe keinen Sinn mehr. Denn sie sterben nicht mehr und brauchen keine Nachkommen. Sie sind ausschließlich Gott zugewandt wie die Engel. Sie sind Söhne Gottes, Kinder der Auferstehung. Dass aber die Toten auferweckt werden, darauf hat Mose beim Dornbusch hingewiesen. Er nennt Gott den Gott Abrahams, Isaaks und Jakobs. Gott aber ist kein Gott von Leichnamen, sondern von lebendigen Menschen. Alle leben sie für ihn.« Da antworteten einige der Schriftgelehrten: »Meister, das ist wahr!« Und sie wagten nicht mehr, ihm Fragen zu stellen.
20,27-40

Da fragte er sie: »Wie kommt man eigentlich dazu, den Christus einen ›Sohn Davids‹ zu nennen? David selbst spricht in den Psalmen ganz anders von ihm. Dort heißt es: ›Der Herr sprach zu meinem Herrn: Setze dich zu meiner Rechten, und ich will deine Feinde wie einen Schemel unter deine Füße legen!‹ Wenn David ihn hier seinen ›Herrn‹ nennt, kann er doch nicht sein ›Sohn‹ sein!« (Das heißt: Ihr könnt mich doch nicht an David messen.)

Während nun das ganze Volk zuhörte, wandte er sich an seine Jünger: »Lasst euch nicht blenden von den Schriftgelehrten, die gerne in langen Gewändern umherwandeln und es schätzen, wenn die Leute sie ehrerbietig grüßen, während sie über den Markt schreiten. Die gerne auf den vorderen Stühlen in den Synagogen sitzen und auf Ehrenplätzen, wenn sie tafeln. Sie verschlingen die Häuser der Witwen und murmeln lange Gebete zur Tarnung. Über sie wird ein desto schärferes Urteil ergehen.«
20,41-47

Da blickte er auf und sah die Leute vorbeigehen, die ihre Spenden in den Opferkasten warfen, die zum Teil beträchtlich waren. Als er aber unter ihnen auch eine arme Witwe sah, die zwei Groschen einwarf, sagte er: »In Wirklichkeit hat diese arme Witwe mehr gegeben als die anderen alle, denn sie alle haben aus ihrem Überfluss ein Opfer gegeben, sie aber hat, was sie in ihrer Not besaß, eingelegt, ihren ganzen Lebensunterhalt.«
21,1-4

Rede über das Ende der Welt

Als sich einige voll Bewunderung über den Tempel aussprachen, über die schönen Steine und die wertvollen Weihgeschenke, die ihn schmückten, antwortete Jesus: »Es werden Tage kommen, an denen kein Stein auf dem anderen bleiben wird von allem, was ihr hier seht. Sie werden alle zerstört werden.« Da fragten sie: »Meister, wann wird das geschehen? Was ist das Zeichen, an dem wir merken, dass es so weit ist?« Und er fuhr fort:

»Seht euch vor!
Lasst euch nicht in die Irre führen!
Es werden viele kommen,
sich auf mich berufen und sagen:
›Ich bin es!‹ Und: ›Die Stunde ist da!‹
Lauft ihnen nicht nach.
Wenn ihr von Kriegen und Aufständen hört,
dann habt keine Angst!
All das muss zunächst geschehen,
aber es ist nicht das Ende.
Ein Volk wird sich auf das andere stürzen
und ein Reich das andere überfallen,
gewaltige Erdbeben
werden das Land erschüttern
und Hungersnöte und Seuchen hereinbrechen.
Schreckliche Bilder werden erscheinen
und große Zeichen am Himmel.
Ehe aber all das geschieht,
wird man euch ergreifen,
in die Synagogen schleppen
und in die Gefängnisse,
wird euch vor Königen verklagen
und vor Fürsten,
weil ihr die Meinen seid.
In all dem soll deutlich werden,
wer ihr seid.
Haltet das eine fest:
Macht euch keine Gedanken,
wie ihr euch verteidigen könnt!
Ich werde euch die Sprache geben
und die Weisheit,
und sie alle, die euch verklagen,
werden ihr nicht widerstehen können
und nicht widersprechen.
Eure Eltern und Brüder,
Verwandten und Freunde
werden euch verraten,
und manche von euch werden sie töten,
und ihr werdet verhasst sein
bei allen Menschen,
weil ihr euch zu mir bekennt.
Aber kein Haar auf eurem Haupt
wird verloren sein.
Mit eurer Geduld
werdet ihr das Leben gewinnen.

21,5-19

Wenn ihr nun Jerusalem von Heeren eingeschlossen seht, dann wisst ihr, dass die Verwüstung der Stadt nahe bevorsteht. Wer dann in Judäa ist, fliehe in die Berge. Wer in Jerusalem wohnt, suche das Weite. Wer auf dem Lande lebt, betrete die Stadt nicht. Denn das sind die Tage der Strafe, in denen sich alles erfüllen soll, was in der heiligen Schrift über Jerusalems Ende gesagt ist.

Wehe aber in jenen Tagen den Frauen, die ein Kind erwarten, und denen, die stillen. Denn es wird eine entsetzliche Not sein, und Gottes strafende Hand wird auf dem Volke liegen. Sie werden fallen durch die Schärfe des Schwerts, als Gefangene wird man sie wegtreiben ringsum in die Länder der Fremden. Ungläubige werden Jerusalem zerstampfen, bis auch die Tage ihres Triumphs abgelaufen sind.

An der Sonne, an Mond und Sternen werden Zeichen erscheinen, auf der Erde wird lähmende Angst herrschen unter den Menschen beim Tosen des Meeres und seiner Flutwellen. Die Menschen werden vergehen vor Furcht und banger Erwartung all dessen, das über die Erde kommen soll. Denn auch die Kräfte im Weltall werden aus ihrer Ordnung geraten. Dann wird man mich sehen, wie ich in einer Wolke komme mit großer Macht und im Lichtglanz Gottes. Wenn aber all dies anfängt zu geschehen, dann richtet euch auf und seht nach oben, denn eure Befreiung ist nahe.

Der Feigenbaum und alle die anderen Bäume können ein Gleichnis sein. Wenn sie Blätter treiben, dann seht ihr und wisst: Der Sommer ist vor der Tür. Wenn ihr nun all das erlebt, dann wisst: Das Reich Gottes ist nahe! Ich sage euch: Diese Generation wird nicht untergehen, ehe es alles geschieht. Himmel und Erde werden vergehen, meine Worte vergehen nicht.

Hütet euch aber, dass ihr das Herz nicht belastet mit Schlemmen und Trinken und Gieren nach Nahrung, dass jener Tag euch nicht plötzlich fasst, wie eine Schlinge ein Tier fängt, denn er kommt über alle, die auf der Erde wohnen.

Die Klagemauer in Jerusalem um 1890.

Seid wach! Stunde um Stunde, Tag um Tag. Und bittet Gott um die Kraft, dem allem zu entfliehen, das geschehen soll, und vor mir zu bestehen.«

So lehrte Jesus tagsüber im Tempel, die Nächte verbrachte er draußen vor der Stadt am so genannten Ölberg. Sobald es aber Tag wurde, strömte das Volk wieder zusammen, um ihn im Tempel zu hören.

21,20-36

Die Leidensgeschichte

Der Abschiedsabend

Das Fest der ungesäuerten Brote stand vor der Tür, das Passa. Nun suchten die Oberpriester und die Schriftgelehrten Mittel und Wege, Jesus umzubringen. Sie fürchteten sich aber vor dem Volk. Da fuhr in Judas Iskariot, der zu den Zwölf gehörte, der Satan. Er ging zu den Oberpriestern und den Hauptleuten der Tempelwache und besprach mit ihnen, wie er ihnen Jesus zuspielen könne. Die freuten sich und sagten zu, sie würden ihn mit Geld entlohnen. Er war einverstanden und suchte von da an eine Gelegenheit, ihn unauffällig auszuliefern.

22,1-6

Es kam aber der Tag der ungesäuerten Brote heran, an dem das Passalamm geschlachtet werden musste, und Jesus sandte Petrus und Johannes voraus mit der Weisung: »Geht und bereitet uns das Passamahl.« »Wo sollen wir es zurichten?«, fragten sie. »Wenn ihr in die Stadt kommt«, erwiderte er, »wird euch ein Mann begegnen, der einen Wasserkrug trägt. Dem geht in das Haus nach, das er betritt, und bestellt dem Herrn des Hauses: ›Der Meister lässt dich fragen: Wo ist der Raum, in dem ich das Passalamm mit meinen Freunden essen kann?‹ Er wird euch einen großen Saal zeigen, der mit Liegepolstern ausgestattet ist, dort bereitet das Essen vor.« Die beiden gingen, trafen alles an, wie er es ihnen beschrieben hatte, und sorgten für das Mahl. Als nun die Stunde kam, legte Jesus sich zum Essen nieder, und die Apostel mit ihm. Und er fing an, zu ihnen zu reden:

»Von ganzem Herzen habe ich mich danach gesehnt, das Passamahl mit euch zu feiern, ehe ich leide. Denn ich werde es nicht mehr feiern, bis es wieder begangen wird, wenn das Reich Gottes da ist.« Dann nahm er den Kelch, betete den Dankpsalm und sprach: »Nehmt hin und trinkt alle daraus. Ich selbst werde von der Frucht des Weinstocks nicht mehr trinken, ehe das Reich Gottes da ist.« Darauf nahm er ein Brot, sprach das Dankgebet, brach das Brot und gab es ihnen: »Das bin ich, der für euch in den Tod gegeben wird. So sollt ihr es halten, wenn ihr später an mich denkt.« Nach dem Essen nahm er in gleicher Weise den Becher und sprach: »Dieser Becher ist das Siegel des neuen Bundes. Denn das ist mein Blut, das für euch vergossen wird.

Aber seht! Mein Verräter isst mit mir am selben Tisch! Es ist zwar von Gott bestimmt, dass ich den Tod erleide, aber wehe dem Menschen, der mich verrät.« Da fragten sie einander hin und her: »Wer kann das sein, der das tut?«

22,7-23

Im Lauf des Essens begannen die Jünger zu streiten, wer von ihnen am meisten zu sagen habe. Da redete Jesus mit ihnen: »Die Könige beherrschen ihre Völker, und die Machthaber lassen sich dazu noch Wohltäter nennen. Bei euch soll es anders sein: Der Größte soll wie der Jüngste gelten und der Führende wie ein Knecht. Wer gilt denn mehr, der zu Tisch liegt oder der, der aufträgt? Doch wohl der, der zu Tisch liegt! Ich aber bin in eurem Kreis derjenige, der euch dient. Ihr seid bei mir geblieben, wenn es so aussah, als sei Gott nicht auf meiner Seite. So will ich euch das Reich zueignen, wie es mir Gott zueignen wird. Und ihr sollt an meinem Tisch essen und trinken. Ihr werdet auf Thronen sitzen und die zwölf Stämme Israels richten.

22,24-30

Petrus! Gib Acht! Der Satan hat sich von Gott ausgebeten, euch sieben zu dürfen, wie einer Weizen im Sieb schüttelt! Ich aber habe für dich gebeten, dass dein Glaube nicht aufhöre. Und wenn du einstmals umkehrst, dann stärke deine Brüder.« »Herr«, antwortete ihm Petrus, »ich bin bereit, mit dir ins Gefängnis und in den Tod zu gehen!« Aber Jesus kündigte ihm an: »Ich sage dir, Petrus, der Hahn wird heute nicht krähen, ehe du dreimal behauptet hast, du habest nichts mit mir zu tun.«

Und er fuhr fort, zu allen gewandt: »Als ich euch aussandte ohne Geldtasche, ohne Reisesack, ohne Schuhe, habt ihr da jemals Mangel gelitten an irgendetwas?« Sie antworteten: »An nichts.« »Aber nun«, sprach Jesus weiter, »ist es Zeit: Wer eine Geldtasche hat, nehme sie mit. Wer einen Reisesack besitzt, nehme ihn auf. Wer keine Waffe hat, verkaufe seinen Mantel und kaufe ein Schwert. Denn ich sage euch: Was über mich geschrieben ist, dass man mich nämlich wie einen Verbrecher behandeln wird, wird sich erfüllen.« Da sagten sie: »Herr, hier sind zwei Schwerter!« Er antwortete: »Das ist genug!«
22,31-38

Das Gebet im Garten

Und er wanderte, wie jeden Abend, hinüber an den Ölberg und mit ihm seine Jünger. Dort redete er mit ihnen: »Betet! Damit ihr in der kommenden Prüfung nicht versagt.« Er entfernte sich einen Steinwurf weit von ihnen, kniete nieder und betete: »Vater, wenn es möglich ist, dann erlass mir's, diesen Kelch zu trinken! Doch nicht mein Wille soll geschehen, sondern der deine!« Da erschien ihm ein Engel und stärkte ihn. Und er geriet in ausweglose Angst und betete mit aller Kraft, und sein Schweiß fiel zur Erde, dunkel wie Blutstropfen. Danach erhob er sich vom Gebet, kam zu seinen Jüngern, fand sie in ihrer Bangigkeit eingeschlafen und sprach sie an: »Was schlaft ihr? Steht auf! Betet, damit euch die Finsternis nicht überwältigt.«
22,39-46

Gefangennahme

Während er noch so sprach, kam eine Truppe herzu. Judas, einer von den Zwölfen, ging an ihrer Spitze und näherte sich Jesus, um ihn zu küssen. Jesus aber redete ihn an: »Judas, mit einem Kuss verkaufst du mich?« Als seine Jünger sahen, was da geschehen sollte, fragten sie: »Herr, sollen wir mit dem Schwert zuschlagen?« Und tatsächlich schlug einer mit dem Schwert zu, traf den Beauftragten des Hohenpriesters und hieb ihm das rechte Ohr ab. Aber

Schwäbisch Hall, Michaelskirche: Das heilige Abendmahl.

Jesus hielt ihn zurück: »Lass! Nicht weiter!« Und er rührte das Ohr an und heilte den Verletzten. Er wandte sich aber an die herzutretenden Priester, die Hauptleute und die Ältesten: »Wie gegen einen Räuber seid ihr ausgezogen mit Schwertern und Spießen. Jeden Tag war ich bei euch im Tempel, und ihr habt mich nicht gegriffen. Aber dies ist eure Stunde. Heute hat die Finsternis die Macht.«
22,47-53

Die Verhandlung vor dem Hohenpriester

Sie fesselten ihn, führten ihn ab und brachten ihn in den Palast des Hohenpriesters, während Petrus in einiger Entfernung folgte. Dort zündeten sie mitten im Innenhof ein Feuer an und sammelten sich im Kreis darum, und auch Petrus setzte sich dazu. Da sah ihn eine Magd, wie er am Feuer saß, betrachtete ihn auf-

merksam und sagte: »Der gehört auch zu seinen Leuten!« Er stritt es aber ab: »Ich kenne ihn nicht, Frau!« Eine kleine Weile später sah ihn ein anderer: »Du gehörst auch zu denen!« Aber Petrus leugnete: »Mensch, ich habe nichts mit ihm zu tun!« Nach einer weiteren Stunde bekräftigte es noch einer: »Es ist wahr! Der war auch bei ihm! Er ist ja auch ein Galiläer.« Petrus gab zurück: »Mann, ich verstehe dein Gerede nicht!« Im selben Augenblick, noch während er dies sagte, krähte der Hahn. Und Jesus wandte sich um und sah Petrus an. Da erinnerte sich Petrus, dass er gesagt hatte: »Ehe der Hahn heute krähen wird, wirst du dreimal leugnen, mich zu kennen.« Und er ging hinaus und fing an, verzweifelt zu weinen.

Die Männer aber, die Jesus festhielten, trieben ihren Spott mit ihm. Sie verdeckten ihm das Gesicht, schlugen zu und fragten: »Du bist doch ein Prophet! Wer war es, der dich eben schlug?« Und vieles andere redeten sie, um ihn zu erniedrigen und zu verspotten.
22,54-65

Als es Tag wurde, trat das Gericht zusammen: die Vertreter des Volks, die Oberpriester und die Schriftgelehrten. Man führte ihn vor die Versammlung und begann das Verhör: »Wenn du der Christus bist, dann sage es uns!« Er aber gab zur Antwort: »Würde ich es euch sagen, so fände ich doch keinen Glauben. Würde ich aber eine Gegenfrage stellen, so erhielte ich keine Antwort. Von jetzt an aber werde ich sitzen zur Rechten Gottes.« Da riefen sie alle miteinander: »Dann bist du also der Sohn Gottes?« Und er antwortete: »Ja. Ich bin es.« Sie aber stellten fest: »Wir brauchen keine Zeugen mehr. Wir haben es selbst aus seinem Munde gehört.«
22,66-71

Vor Pilatus und Herodes

Da erhob sich die ganze Menge der Versammelten, und sie führten ihn zu Pilatus. Dort brachten sie ihre Klagen vor: »Das ist einer, der unser Volk in Aufruhr versetzt und öffentlich

dazu aufruft, dem Kaiser keine Steuern zu bezahlen. Außerdem behauptet er, er sei der von Gott eingesetzte König Israels.« Da fragte ihn Pilatus: »Trifft das zu? Bist du der König der Juden?« Und Jesus gab zur Antwort: »Ja. Du sagst es.« Danach wandte sich Pilatus an die Oberpriester und die Menge: »Ich kann an dem Mann kein Verbrechen feststellen.« Sie aber fuhren fort: »Er wiegelt das Volk mit seinen Reden auf! Ganz Judäa hat er schon in Unruhe gebracht. In Galiläa hat er es angefangen, und bis hierher hat er es getrieben.« Als Pilatus das hörte, fragte er, ob der Mann aus Galiläa stamme, und als er erfuhr, er gehöre in die Zuständigkeit des Herodes, sandte er ihn zu diesem, der in jenen Tagen ebenfalls in Jerusalem weilte.
23,1-7

Herodes freute sich sehr, als er Jesus sah. Er hätte ihn nämlich längst gerne gesehen, nachdem er viel von ihm gehört hatte, und hoffte, Jesus würde für ihn ein Wunder geschehen lassen. Er stellte ihm allerlei Fragen, erhielt aber keine Antwort. Die Oberpriester und die Schriftgelehrten standen dabei und verklagten ihn.Herodes aber verachtete ihn und mit ihm seine Hofbeamten, seine Knechte und Soldaten, und erlaubte sich einen Ulk mit ihm: Er legte ihm ein weißes Gewand an (das Gewand, das der trug, der sich um ein öffentliches Amt bewarb!) und schickte ihn (als Kandidaten für die Königswürde) zu Pilatus zurück. Durch diesen Scherz wurden Herodes und Pilatus an jenem Tag Freunde, zuvor nämlich hatten sie einander gehasst.

Da rief Pilatus die Oberpriester und die Volksvertreter der Juden und die ganze Menge wieder zusammen und sprach: »Ihr habt mir diesen Mann gebracht und behauptet, er verführe das Volk, und ich habe ihn in eurer Gegenwart verhört, aber ich habe an ihm das Verbrechen, dessen ihr ihn anklagt, durchaus nicht feststellen können. Herodes ging es ebenso, denn er hat ihn zu mir zurückgesandt. Ihr seht: Er hat nichts begangen, auf das die Todesstrafe stünde. Ich will ihn also geißeln lassen und dann freigeben.« Sie schrien aber alle zusammen: »Weg mit dem! Gib uns den Barabbas frei!« Dieser Barabbas war wegen eines Aufruhrs, der in der Stadt geschehen war, und wegen eines Mordes in den Kerker geworfen worden. Und noch einmal redete Pilatus mit ihnen, er wolle Jesus freigeben, sie aber schrien: »Kreuzige! Kreuzige ihn!« Da fragte er sie zum drittenmal: »Worin besteht denn sein Verbrechen? Ich finde nichts Todeswürdiges an ihm. Ich will ihn geißeln und loslassen.« Aber sie bedrängten ihn mit lautem Geschrei und forderten die Kreuzigung, und ihr Lärm hatte Erfolg. So entschied Pilatus, es solle nach ihrem Willen geschehen. Er ließ den frei, der wegen Aufruhr und Mord im Gefängnis lag und den sie haben wollten, Jesus aber opferte er ihrem Willen.
23,8-25

Kreuzigung und Tod

Als sie ihn vor die Stadt hinausführten, ergriffen sie einen Mann, der eben vom Felde kam, Simon von Zyrene, und zwangen ihn, Jesus den Kreuzbalken nachzutragen. Eine große Volksmenge lief hinterher, unter anderem auch Frauen, die ihn bejammerten und beweinten. Jesus wandte sich ihnen zu und sprach: »Ihr Frauen von Jerusalem! Weint nicht über mich! Weint über euch selbst! Weint über eure Kinder! Es werden Zeiten kommen, in denen man sagen wird: ›Glücklich die Unfruchtbaren! Glücklich die, die keine Kinder in die Welt brachten! Glücklich die, die kein Kind gestillt haben!‹ Dann wird man zu den Bergen sagen: ›Verbergt uns!‹, und zu den Hügeln: ›Deckt uns zu!‹ Denn wenn man das am grünen Holz tut, was soll mit dem dürren geschehen?«

Mit ihm zusammen trieb man aber auch noch zwei Übeltäter hinaus, um sie gleichzeitig mit ihm hinzurichten. Als sie an dem Ort angekommen waren, den man den »Totenkopfhügel« nennt, schlugen sie ihn ans Kreuz und die beiden Verbrecher neben ihm, so dass der eine links, der andere rechts von ihm hing. »Vater, vergib ihnen!«, betete Jesus. »Sie wissen nicht, was sie tun.« Die Soldaten aber verteilten seine Kleider unter sich, indem sie das Los warfen, und die Leute standen herum und schauten zu, während die Vornehmen ihren Spott mit ihm trieben: »Anderen hat er geholfen, sich selbst kann er nicht helfen! Er ist doch der Christus! Er kommt doch von Gott! Er ist doch von Gott erwählt.« Auch die Soldaten, die kamen und ihm Essig reichten, spotteten: »Wenn du der König Israels bist, dann befreie dich doch!« Denn so lautete auch die Tafel, die über ihm befestigt

Karfreitagsprozession in Jerusalem.

war: »Das ist der König der Juden.« Auch einer der beiden Verbrecher, die neben ihm gekreuzigt wurden, stimmte in den Spott ein: »Du bist doch Christus, dann befreie dich selbst und uns mit!« Da widersprach ihm der andere: »Du solltest dich vor Gott fürchten, wenn du schon zum Tode verdammt bist! Wir haben ihn verdient mit dem, was wir verbrochen haben, aber der hier hat nichts Böses getan.« Und er fuhr fort zu

Der Meister der goldenen Tafel:
Oben: Jesus vor Pilatus.
Rechte Seite: Die drei Frauen und der Engel.

Jesus hin: »Jesus, denke an mich, wenn du in dein Reich kommst.« Und Jesus sagte es ihm zu: »Das verspreche ich dir, heute noch wirst du mit mir im Paradiese sein.«

23,26-43

Non est hic quem queritis

Um die Mittagszeit legte sich eine Finsternis über das ganze Land. Diese Finsternis währte drei Stunden, und die Sonne verlor ihren Schein. Danach riss der große Vorhang im Tempel mitten entzwei. Und Jesus rief laut: »Vater, deinen Händen vertraue ich meinen Geist an!« Mit diesen Worten starb er. Als der Hauptmann sah, was da vorging, gab er Gott die Ehre und rief: »Dieser Mann war wirklich ein Gerechter!« Auch die Leute, die zusammengelaufen waren, um zuzusehen, und die miterlebten, was sich da abspielte, erschraken, schlugen sich an die Brust und gingen davon. Unterdessen standen alle seine Bekannten und auch die Frauen, die ihn von Galiläa an begleitet hatten, in einiger Entfernung und sahen das alles.

Nun war da ein Mann namens Josef, ein Ratsherr, ein ehrenhafter und gerechter Mann, der mit ihrem Beschluss und ihrem Vorgehen nicht einverstanden gewesen war. Er wohnte in Arimathäa, einer Stadt in Judäa, und gehörte zu denen, die dem Anbruch der Herrschaft Gottes entgegenlebten. Der ging zu Pilatus und bat ihn um den Leib des Toten, nahm ihn vom Kreuz, hüllte ihn in eine kostbare Leinwand und bestattete ihn in einem Grab, das in einen Felsen gehauen und in dem noch niemand beigesetzt worden war. Es war aber der Rüsttag für den Sabbat. Die Frauen, die mit Jesus aus Galiläa gekommen waren, gingen mit ihm, besahen das Grab und beobachteten die Beisetzung des Leibes, kehrten in die Stadt zurück und legten Öle und Salben bereit. Den Sabbat über aber blieben sie zu Hause in der Stille, wie das Gesetz es vorschrieb.

23,44-56

Erfahrungen seiner Auferstehung

Am Grab

Am ersten Tag der neuen Woche kamen sie in der Morgenfrühe mit den Salben, die sie bereitet hatten, zum Grab. Sie sahen aber den Stein vom Eingang der Höhle abgewälzt, und als sie eintraten, fanden sie den Leib des Herrn Jesus nicht. Während sie ratlos dastanden, erschienen ihnen zwei Männer in blitzenden Gewändern. Sie erschraken, wandten ihr Gesicht ab und blickten zur Erde. Sie hörten die Männer sagen: »Warum sucht ihr den Lebendigen bei den Toten? Er ist nicht hier. Er ist lebendig! Erinnert euch! In Galiläa schon hat er es euch gesagt: ›Ich muss mich der Gewalt der Menschen ausliefern und mich kreuzigen lassen und am dritten Tage aus dem Tode aufstehen.‹« Sie erinnerten sich, dass er das gesagt hatte, und verließen das Grab, liefen zurück und erzählten das alles den Übrigen. Die Frauen aber waren Maria aus Magdala, Johanna und Maria, die Frau des Jakobus, und mit ihnen berichteten auch alle die anderen den Aposteln dasselbe. Aber die meinten, es handle sich um ein Gerede, und glaubten ihnen kein Wort. Danach stand Petrus auf, lief zum Grab und schaute hinein, sah nur die Leinentücher und rätselte, was da geschehen sein mochte, und ging weg.

24,1-12

In Emmaus

Noch mehr geschah an diesem Tag: Zwei aus dem Kreis der Freunde wanderten nach Emmaus, das man von Jerusalem aus in einer Stunde erreichte, und redeten miteinander über alles, was geschehen war. Während sie so miteinander sprachen und rätselten, näherte sich Jesus und gesellte sich zu ihnen. Sie aber erkannten ihn nicht, ihre Augen waren wie verschlossen. »Was sind das für Geschichten, die ihr auf eurem Weg beredet?«, fragte sie Jesus. Da blieben sie traurig und verdrossen stehen, und der eine, der Kleopas hieß, entgegnete: »Du bist wohl der Einzige unter den Fremden in Jerusalem, der nicht weiß, was in den letzten Tagen drüben geschehen ist?« »Was war das?«, fragte Jesus. »Das mit Jesus von Nazaret«, erwiderten sie, »der ein großer, gewaltiger Prophet war. In Wort und Werk hat er vor Gott und den Menschen unerhörte Dinge getan. Den haben unsere Priester und Obersten zum Tod verurteilt und gekreuzigt! Und wir hatten gehofft, er sei der, der kommen würde, Israel zu befreien. Vorgestern ist es geschehen. Aber nun haben uns ein paar Frauen aus unserem Kreis erschreckt. Heute morgen waren sie am Grab, fanden seinen Leib nicht und kamen mit der Nachricht zurück: ›Wir haben Engel gesehen! Die haben uns gesagt, er lebe!‹ Da gingen einige andere von uns an das Grab und fanden al-

Rembrandt: Die Ostererscheinung von Emmaus.

les so, wie die Frauen gesagt hatten. Ihn selber aber sahen sie nicht.«

»Warum versteht ihr so wenig?«, entgegnete Jesus. »Warum braucht ihr so lange, um zu begreifen, was die Propheten längst gesagt haben? Gott wollte es! Christus musste all das leiden und von diesen Leiden aus seine Herrlichkeit gewinnen.« Und er fing an zu erzählen und zu erklären, was in den Büchern des Alten Testaments bei Mose und den Propheten über ihn geschrieben sei. Mittlerweile näherten sie sich dem Dorf, und er tat so, als wolle er weitergehen. Sie baten ihn aber dringend: »Bleibe bei uns! Es ist Abend, bald wird es dunkel sein!« So ging er mit ihnen in ihr Haus und blieb bei ihnen.

Da geschah es: Während er mit ihnen zu Tische lag, nahm er das Brot, sprach das Dankgebet, brach das Brot und gab es ihnen. Da fiel es wie Schuppen von ihren Augen, und sie erkannten ihn. Er aber verschwand vor ihnen. »Wir haben es doch gespürt!«, durchfuhr es sie. »Unser Herz brannte doch in uns, während er an unserer Seite ging und uns das Wort der Schrift erklärte!«

Noch am Abend, in derselben Stunde, brachen sie auf und kehrten nach Jerusalem zurück. Dort fanden sie die elf Apostel und ihre Gefährten versammelt. Die riefen ihnen entgegen: »Es ist wahr! Der Herr ist auferstanden! Simon hat ihn gesehen!« Dann berichteten sie selbst, was auf dem Wege geschehen war und wie sie ihn an der Art, in der er das Brot brach, erkannt hatten.

24,13-35

Segen im Abschied

Während sie noch hin- und herredeten, stand Jesus plötzlich mitten unter ihnen mit den Worten: »Friede sei mit euch!« Da überfiel sie Angst und Schrecken, und sie meinten, ein Gespenst zu sehen. Aber er fuhr fort: »Warum seid ihr so erschrocken? Warum kommen solche Zweifel in eure Herzen? Seht meine Hände und meine Füße! Ich bin es selbst! Fühlt mich an und betrachtet mich! Ein Gespenst hat ja nicht Fleisch und Bein, wie ihr es an mir seht!« Als sie aber vor Freude immer noch nicht recht glauben konnten und vor Staunen noch immer außer sich waren, fragte er sie: »Habt ihr hier etwas zu essen?« Da reichten sie ihm ein Stück gebratenen Fisch, und er nahm ihn und aß ihn vor ihren Augen. Dann fuhr er fort: »Das alles habe ich gemeint mit den Worten, die ich euch damals mitgab, als ich noch bei euch war: Es muss alles erfüllt und verwirklicht werden, was im Gesetz Moses, in den Büchern der Propheten und in den Psalmen über mich geschrieben ist.« Da öffnete er ihnen das Verständnis für den Sinn jener Worte der heiligen Schrift, die davon sprechen, und sagte zu ihnen: »Der Christus musste leiden und am dritten Tage zu neuem Leben auferstehen! Nun aber muss es allen Völkern bezeugt werden. Zu ihm müssen sie umkehren, damit sie Gott finden und ihre Sünden ihnen vergeben werden. Der Anfang aber muss in Jerusalem geschehen. Ihr seid es, denen dieser Auftrag gilt, denn ihr seid dabei gewesen! Gebt Acht! Ich will auf euch herabsenden, was mein Vater verheißen hat. Bleibt in Jerusalem so lange, bis die Kraft aus der Höhe über euch kommt!«

Danach führte er sie zur Stadt hinaus bis in die Nähe von Betanien. Dort breitete er die Hände über sie und segnete sie, und während er ihnen seinen Segen gab, schied er von ihnen und wurde in den Himmel erhoben. Sie aber fielen vor ihm nieder, dann kehrten sie nach Jerusalem zurück, von übergroßer Freude erfüllt, und waren von da an ständig im Tempel, Gott rühmend.

24,36-53

Der Meister der goldenen Tafel: Himmelfahrt.

Bildnachweis

S. 1 Meister der goldenen Tafel, Fußwaschung, (Ausschnitt), Archiv Zink
S. 5 Schottenmeister in Wien: Der Besuch der Maria bei Elisabet. Archiv Zink
S. 7 Rogier van der Weyden: Braquealtar: Johannes der Täufer, AKG Berlin
S. 8 Rembrandt: Die Anbetung der Hirten, Archiv Zink
S. 10 Ikone: Geburt Christi, Archiv Zink
S. 12 Eckhout: Der zwölfjährige Jesus, Archiv Zink
S. 13 Meister der goldenen Tafel von Lüneburg: Taufe Jesu, Archiv Zink
S. 16 Nazaret, Foto Zink
S. 18 Wohnhäuser in Kafarnaum, Foto Zink
S. 19 Fischer vom See Genezaret, Foto Garo Nalbadian
S. 20 Carvaggio: Die Berufung des Matthäus, Archiv Zink
S. 24f. Dirk Bouts: Christus im Hause Simons, Archiv Zink
S. 31 Meister Bertram, Grabower Altar, Sturz Luzifers, Archiv Zink
S. 33 Höhle im Wadi Kilt, Foto Zink
S. 35 Vermeer van Delft, Jesus bei Maria und Martha, Archiv Zink
S. 40 Meister von Alkmaar, Loskauf, Archiv Zink
S. 43 Luis Borassa, Der sinkende Petrus, Archiv Zink
S. 44 Pieter Brueghel, Der gute Hirte, Archiv Zink
S. 46 Rembrandt, Die Heimkehr des verlorenen Sohnes, Archiv Zink
S. 49 Schwäbisch Hall, Michaelsaltar, Archiv Zink
S. 51 Passafeier der Samaritaner auf dem Garizim bei Nablus, Foto Garo Nalbadian
S. 53 Meister der goldenen Tafel, Auferweckung des Lazarus, Archiv Zink
S. 56 Wiener Schottenmeister, Einzug in Jerusalem, Archiv Zink
S. 60 Aufnahme von 1890, Klagemauer, Archiv Zink
S. 62f. Schwäbisch Hall, Michaelskirche, Abendmahl, Archiv Zink
S. 65 Karfreitagsprozession in Jerusalem, Foto Garo Nalbadian
S. 66 Meister der goldenen Tafel, Jesus und Pilatus, Archiv Zink
S. 67 Meister der goldenen Tafel, Drei Frauen und der Engel, Archiv Zink
S. 69 Rembrandt, Emmaus, Archiv Zink
S. 70 Meister der goldenen Tafel, Himmelfahrt, Archiv Zink

Die Deutsche Bibliothek – CIP-Einheitsaufnahme

Ein Titeldatensatz für diese Publikation ist bei Der Deutschen Bibliothek erhältlich.

1 2 3 4 5 05 04 03 02 01

Ein Unternehmen der Dornier Medienholding GmbH
Postfach 80 06 69, 70506 Stuttgart, Tel. 0711-78 80 30
Sie erreichen uns rund um die Uhr unter www.kreuzverlag.de
Umschlaggestaltung: Atelier Reichert, Stuttgart
Umschlagbild: Priester in der Geburtskirche Betlehem, Foto Garo Nalbadian
Satz: Rund ums Buch – Rudi Kern, Kirchheim/Teck
Druck und Verarbeitung: Merkur Druck Mayer GmbH, Ostfildern
Die Schreibweise entspricht den Regeln der neuen Rechtschreibung.
ISBN 3 7831 1888 3